JAMES DOBSON

Die Macht der Gefühle

Meine Gefühle positiv entdecken

edition TROBISCH

Inhaltsverzeichnis

EINLEITUNG
Gefühle im Leben des Christen

Dieses Buch handelt von den Gefühlen des Menschen und von der Rolle, die sie in unserem täglichen Leben spielen. Das Thema „Gefühle" erinnert mich immer an eine Geschichte, die meine Mutter von der höheren Schule erzählte, die sie 1930 besuchte. Jene Schule befand sich in einer kleinen Stadt in Oklahoma, die eine Reihe furchtbar schlechter Rugbymannschaften hervorgebracht hatte. Sie verloren gewöhnlich alle wichtigen Spiele und unterlagen unausweichlich haushoch gegen ihre Erzrivalen aus einer Nachbarstadt. Verständlicherweise wurden die Schüler und ihre Eltern langsam mutlos und verzagt, weil ihre Truppe jeden Freitagabend Prügel bekam. Es muß schrecklich gewesen sein.

Schließlich beschloß ein reicher Ölproduzent, die Sache selbst in die Hand zu nehmen. Er bat darum, mit der Mannschaft im Umkleideraum sprechen zu dürfen, nachdem sie gerade wieder einmal eine vernichtende Niederlage erlitten hatte. Es folgte eine der dramatischsten Rugby-Reden aller Zeiten. Dieser Geschäftsmann ging so weit, jedem Spieler der Mannschaft und jedem ihrer Trainer einen funkelnagelneuen Ford zu versprechen, wenn sie beim nächsten Spiel einfach gegen ihre Gegner gewinnen würde. Knute Rockne hätte es nicht besser sagen können.

Die Mannschaft raste vor Freude. Man tobte, jubelte und schlug sich vor Begeisterung gegenseitig auf die gepolsterten Hinterteile. Sieben Tage lang aßen, tranken und atmeten die Jungen Rugby. Nachts träumten sie von Punktgewinnen und den Anfeuerungen durch die Zuschauer. Die ganze Schule wurde vom Geist höchster Erregung angesteckt, und Ferienstimmung machte sich auf dem Schulhof breit. Jeder Spieler sah sich bereits am Steuer eines sagenhaften Coupés mit acht sagenhaft hübschen Mädels, die sich an seinen sagenhaft sportlichen Körper hängten.

Endlich kam der große Tag, und die Mannschaft versammelte sich im Umkleideraum. Die Aufregung hatte einen noch nie dagewesenen Höhepunkt erreicht. Der Trainer gab noch einige billige Ratschläge, und die Jungs beeilten sich, nach draußen zu kommen, um dem Feind entgegenzutreten. Sie stellten sich zum Antritt auf, faßten sich an den

Händen und riefen ein gleichzeitiges: „Hurra!". Dann rannten sie auf das Spielfeld – und wurden mit 38:0 Punkten fertiggemacht.

Die Hochstimmung der Mannschaft hatte sich nicht in einen einzigen Punkt umsetzen lassen. Sieben Tage Hurra und Begeisterung konnten einfach das Fehlen von Disziplin und Kondition und Praxis und Wissen und Training und Drill und Erfahrung und Profil nicht ausgleichen. So ist es mit den Gefühlen. Es steht fest, daß sie im Leben des Menschen eine Rolle spielen, aber sobald alles nur noch von Gefühlen abhängt, erweisen sie sich gewöhnlich als unzuverlässig und kurzlebig und sogar als ein wenig töricht.[1]

Andererseits wäre es falsch, die Auswirkung von Gefühlen auf menschliches Verhalten herunterzuspielen. Ich habe diesen Einfluß vor kurzem in meinem Buch „Straight Talk to Men and Their Wives" beschrieben und die Erlaubnis erhalten, einen Ausschnitt aus dieser Erörterung wie folgt zu zitieren:

„Haben Sie schon einmal erlebt, wie Sie am Ende eines Tages draußen standen und das Summen einer Stechmücke hörten, die an Ihrem Ohr vorbeiflog?

„Ich wette, ich werde gleich gestochen," denken Sie. In diesem Moment spüren Sie das leichte Krabbeln des Tieres auf Ihrem Unterarm, und Ihr Blick gleitet sofort nach unten. Aber zu Ihrer Überrraschung befindet sich das Insekt nicht dort. Es war vor allem die Vorstellung, daß Sie angegriffen werden sollten.

Oder eine andere Situation. Sind Sie schon einmal nach einem furchtbaren Traum atemlos in Ihrem Bett aufgewacht? Sie lauschten in die Nacht hinein und fragten sich, ob der Traum nicht doch etwas mit der Wirklichkeit zu tun hatte. Dann plötzlich hören Sie, wie erwartet, einen „Schlag" an der dunklen Ecke des Hauses. Eine Stunde später stellen Sie fest, daß in Wirklichkeit nichts war.

Gefühle sind mächtige Kräfte des menschlichen Fühlens und Empfindens. Besonders die Angst liefert in erstaunlicher Weise immer wieder Gründe, die sie gerechtfertigt erscheinen lassen. In der klinischen Praxis verwenden die Ärzte einen Großteil ihrer Zeit darauf, Menschen davon zu überzeugen, daß ihre Selbstdiagnose nicht zutrifft, daß ihre Symptome eingebildet oder psychosomatisch sind.

Auch junge und couragierte Menschen erleben solche Täuschungen. Mein guter Freund, Steve Smith, wurde mit einem

Bronzestern für mutiges Verhalten im Vietnamkrieg ausgezeichnet. Der erste Abend nach der Ankunft seiner Einheit in dem kriegsgeschüttelten Land ist allerdings nicht besonders des ehrenden Gedenkens würdig. Seine Kompanie hatte noch niemals einen wirklichen Kampf erlebt, und die Männer waren voller Angst und Schrecken. Sie hoben auf einem Hügel Schützenlöcher aus und beobachteten nervös, wie die Sonne am Horizont verschwand. Etwa um Mitternacht griff der Feind wie erwartet an. An einer Seite des Berges setzte Gewehrfeuer ein, und es dauerte nicht lange, bis alle Soldaten verzweifelt losschossen und Handgranaten in die Dunkelheit warfen. Die Schlacht tobte die ganze Nacht, und die Infanterie schien zu siegen. Endlich ging die langerwartete Sonne wieder auf, und das Zählen der Gefallenen begann. Aber nicht ein einziger toter Vietkong lag im Umkreis des Berges. In Wirklichkeit hatte kein einziger feindlicher Soldat an dem Angriff teilgenommen. Die Kompanie, die noch ganz „grün" war, hatte in der Nacht eine tödliche Schlacht gekämpft. . . und gewonnen!

Gestatten Sie mir, noch ein weiteres Beispiel anzuführen, bei dem Gefühle stärker waren als der Verstand. Die Stadt Los Angeles war gelähmt vor Angst, als 1969 Charles Manson und seine „Familie" Sharon Tate und ihre Freunde ermordet und dann Leno und Rosemary La Bianca kaltblütig umgebracht hatten. Die Bürger der Stadt fragten sich: „Wer wird der nächste sein?" Meine Mutter war fest davon überzeugt, sie sei als erste an der Reihe. Und dann waren Vater und Mutter eines Nachts, als sie im Bett lagen, sicher, den Eindringling zu hören. „Krach, Bum!" kam es von dort, wo die Küche war.

„Hast Du das gehört?" fragte meine Mutter.

„Ja, sei still," sagte mein Vater.

Sie lagen und starrten an die dunkle Zimmerdecke, atmeten leise und horchten, was weiter geschehen würde. Ein zweites „Bum" brachte sie auf die Beine. Sie tasteten sich bis zur geschlossenen Schlafzimmertür vor. Und nun zeigte sich der große Unterschied zwischen meiner Mutter und meinem Vater, wenn es um die Bewältigung einer Krisensituation ging. Sie hielt es für das Beste, die Tür geschlossen zu halten, um so den Eindringling daran zu hindern, ins Schlafzimmer zu kommen. Also stemmte sie ihren Fuß unten gegen die Tür und lehnte sich oben mit ihrem Gewicht dagegen. Mein Vater dagegen beabsichtigte, dem Angreifer erhobenen Hauptes gegenüberzutreten. Er streckte seine Hand in der Dunkelheit nach der Türklinke aus und griff danach. Aber sein Ziehen stieß auf den Widerstand meiner Mutter.

Mein Vater ging davon aus, daß jemand die Tür von außen festhielt. Meine zu Tode erschreckte Mutter wiederum spürte nun, wie der Mörder versuchte, die Tür aufzubekommen. Da standen meine Eltern nun in finsterer Nacht, rangen miteinander und hielten es für das Tauziehen mit einem Mörder. Schließlich beschloß meine Mutter, das sinkende Schiff zu verlassen. Sie ließ die Tür los und rannte zum Fenster, um aus voller Lunge zu schreien. Sie atmete tief ein, so daß sie ganz Pasadena hätte wecken können. Da gewahrte sie ein Licht hinter sich. Als sie sich umdrehte, sah sie, wie mein Vater in den anderen Teil des Hauses gegangen war, um nach dem Angreifer zu suchen. Er war natürlich in der Lage gewesen, die Tür zu öffnen, nachdem meine Mutter sie losgelassen hatte. In Wirklichkeit gab es keinen Einbrecher. Es wurde niemals festgestellt, woher die Geräusche gekommen waren, und Charles Manson machte niemals seinen erwarteten Besuch.

Lassen Sie mich die Frage, um die es geht, persönlich stellen. Welche Angstvorstellungen stützen Sie mit scheinbar offensichtlichen Belegen ab? Welche Rolle spielen unkontrollierte Gefühle in Ihrem Leben? Ist es vielleicht so, daß Ihr Gefühl, ob gut oder schlecht, eine alles durchdringende Kraft ist, die bestimmt, wie Sie sich Tag für Tag verhalten? Die emotionale Erfahrung ist in der westlichen Welt zu *der* Hauptmotivation geworden, wenn es um Werte, Aktionen und sogar, wenn es um geistliche Überzeugungen geht. Darüber hinaus (und das ist der springende Punkt) leben wir in einer Zeit, da die Menschen ermutigt werden, ihrem Gefühl zu folgen. Es wird uns gesagt: „Wenn Du ein gutes Gefühl dabei hast, dann tu es!" In dem Schlager „Eins und eins, das macht zwei." heißt es: „Eins und eins, das macht zwei, drum küß, und denk nicht dabei, denn Denken schadet der Illusion." (Die Nazis hatten zu ihrer Zeit wahrscheinlich auch ein gutes Gefühl bei der Ermordung der Juden durch Hitler). Die meisten Liebeslieder machen es dann klar, daß die Treue zueinander auf dem beruht, was man aneinander aufregend findet. Also geht die

Beziehung in die Brüche, wenn der Reiz verschwindet. Im Gegensatz dazu enthält das größte literarische Werk, das je zum Thema Liebe geschrieben wurde, im 13. Kapitel des Korintherbriefes, keinen einzigen Hinweis auf Gefühle: „Wer liebt, hat Geduld. Er ist gütig und ereifert sich nicht und spielt sich nicht auf. Wer liebt, ist nicht taktlos, selbstsüchtig und reizbar. Er trägt keinem etwas nach." (1. Korinther 13, 4-5, Gute Nachricht).

Ich bin der Meinung, wir sollten uns lange und gründlich mit der „Entdeckung der Persönlichkeit" auseinandersetzen, die unsere Gefühle aus ihren Schranken und aus ihrer Unterdrückung zu befreien sucht. Die „Pop-Psyche-Bewegung," die in San Francisco und in anderen Städten in Kalifornien so stark ist, ermutigt uns, mit unseren Gefühlen Kontakt aufzunehmen, uns aufzumachen, zu sagen, wie es ist. Wir haben uns gerade von einer Welle von „Encounter-Gruppen" erholt, wo man die Teilnehmer drängte, sich gegenseitig anzugreifen, zu weinen und zu schreien und sich sogar untereinander wutschäumende „Encounter-Schläge" zu geben. Großer Unsinn!

Mich verlangt keineswegs nach einer Rückkehr zur Förmlichkeit von gestern, wo Vater eine Marmorstatue war und Mutter nicht lächeln konnte, weil ihr Korsett zu stramm saß. Aber wenn unsere Großeltern das Symbol einer extremen Unterdrückung von Gefühlen sind, dann übertreibt der Amerikaner von heute das genaue Gegenteil davon. Wir leben und atmen im Wechsel unserer Gefühle, und bei vielen ist die Niedergeschlagenheit in den „Tiefs" deutlich stärker vorherrschend als die gehobene Stimmung zu Zeiten des „Hochs". Die Gefühle sind heute *wichtiger* als Vernunft, statt umgekehrt, wie es der Absicht Gottes entspricht. „Der Geist dagegen läßt eine Fülle von Gutem wachsen, Liebe, Freude, Frieden, Geduld, Freundlichkeit, Güte, Treue, Demut und *Selbstbeherrschung*." (Galater 5,22, Gute Nachricht).

Die Notwendigkeit der Selbstbeherrschung wird durch die Schwierigkeiten, die es in fast jedem Menschenleben auf Erden gibt, noch verstärkt. Wie sagte doch Mark Twain: „Das Leben besteht aus einer Widerwärtigkeit nach der anderen." Das stimmt. Spätestens alle zwei Wochen hat es jemand auf der Brust, oder das Dach bekommt ein Loch, oder das Auto ist kaputt, oder ein ins Fleisch wachsender Zehennagel entzündet sich, oder im Geschäft geht es schlecht. Diese kleineren Enttäuschungen sind unvermeidlich. Mit der Zeit entwickeln sich noch größere Probleme. Geliebte Menschen sterben, ernste Erkrankungen treten auf, und das Leben geht seinem Ende zu. Das liegt im Wesen menschlicher Erfahrung, ob wir wollen oder nicht. Wenn wir davon ausgehen, daß dies so ist, dann wäre nichts gefährlicher, als uns von unseren Gefühlen bestimmen zu lassen. Das tun heißt, von den Stürmen des Lebens hin- und hergeworfen zu werden."[2]

Hinter dieser Darlegung stand die Absicht, einen wesentlichen Gedanken weiterzugeben: Gefühle müssen immer von Instanzen der Vernunft und des Willens überprüfbar sein. Diese Überprüfbarkeit ist für diejenigen von uns, die sich Christen nennen, doppelt wichtig. Wenn wir auf der geistlichen Pilgerfahrt unseres Lebens Schiffbruch erleiden, so ist es wahrscheinlich, daß negative Gefühle bei diesem Rückschlag eine besonders wichtige Rolle spielen werden. Der Satan hat verheerenden Erfolg beim Einsatz der Waffen von Schuld, Ablehnung, Angst, Unsicherheit, Kummer, Depression, Einsamkeit und Mißverständnis. Der Mensch ist in der Tat ein sehr leicht verletzbares Wesen, das den satanischen Zwängen ohne göttliche Hilfe nicht widerstehen könnte.

Es hat einmal jemand geschrieben: „Körper, Geist und Seele wohnen eng zusammen, und der eine Bereich steckt den anderen gewöhnlich an." Dem stimme ich zu. Ein Mensch, der das tiefe Gefühl hat, anderen unterlegen zu sein, glaubt meist auch, daß Gott ihn nicht wertschätze. Beachten Sie bitte diesen kurzen Brief eines kleinen Jungen an einen bekannten Psychotherapeuten:

Lieber Herr Dr. Gardner!

Was mich quält, ist, daß mich vor langer Zeit jemand, der groß ist, das heißt, ein Junge, der ist dreizehn. Er hat Schildkröte zu mir gesagt, und ich wußte, er hat das gesagt, wegen meiner plastischen Schirugie.

Und ich glaube, Gott haßt mich wegen meiner Lippe. Und wenn ich sterbe, schickt er mich bestimmt in die Hölle.

Viele Grüße, Dein

Christian[3]

Christian hatte offenbar den Schluß gezogen, daß, weil er nichts wert sei, nicht einmal Gott ihn lieben könne. Es war eine unlogische Schluß folgerung, doch Gefühle richten sich nicht nach den Gesetzen der Logik. Er hatte das _Gefühl, daß Gott ihn ablehne._ Genau diese Logik ist in die Ohren von Millionen von Christen eingeflüstert worden, die von dem Gefühl der Unzulänglichkeit und Minderwertigkeit erdrückt werden. Jeder Fluß von Gefühlen, tief in der Seele des Menschen, birgt in gleicher Weise die Möglichkeit in sich, über die Ufer zu treten und Denken und Fühlen mit seinen tobenden Wassern zu überschwemmen. Deshalb habe ich die Seiten dieses Buches geschrieben. Unser Ziel ist es, die Ufer dieser Flüsse durch biblische Wahrheit und psychologisches Wissen zu befestigen.

Mindestens acht oder zehn verschiedene Arten von Gefühlen hätten in diesem Zusammenhang angesprochen werden können. Aus zeitlichen und räumlichen Gründen sind wir jedoch gezwungen, uns auf vier der wichtigsten zu konzentrieren. Diese sind wie folgt:

1. **Schuld**
   a) Wann besteht sie zu Recht, wann zu Unrecht, und worin liegt der Unterschied?
   b) Welche Konsequenzen ergeben sich aus unberechtigter Schuld, die nie „vergeben" werden kann?
   c) Worin liegt der Ursprung des Gewissens, und kann man sich auf sein Urteil verlassen?
   d) Können Eltern auf das Gewissen ihrer Kinder Einfluß nehmen, und, wenn ja, in welcher Art und Weise sollte das geschehen?
   e) Bedeutet das Fehlen von Schuld, daß wir vor Gott schuldlos sind?

2. **Romantische Liebe**
   a) Wie kann das Gefühl „Liebe" zu einer gefährlichen Falle werden?
   b) Warum sind so viele Ehepaare schon bald nach den Flitterwochen enttäuscht?
   c) Gibt es überhaupt die „Liebe auf den ersten Blick"?
   d) Wählt Gott einen bestimmten Menschen aus, den wir heiraten sollen, mit dem Er uns dann zusammenführt?

3. **Zorn**
   a) Ist aller Zorn Sünde?
   b) Wie kann man mit starken negativen Gefühlen fertigwerden, ohne biblische Prinzipien zu verletzen und ohne sie ins Unterbewußtsein zu verdrängen?

c) Ist es möglich, als Christ ohne das Gefühl von Ärger und Feindseligkeit zu leben?

d) Ist eine von Groll und Feindschaft geprägte Haltung dadurch zu rechtfertigen, daß man in einer bestimmten Angelegenheit moralisch „im Recht" ist?

e) Worin besteht der „Fluchtreflex", und wie verhält er sich zum biblischen Verständnis?

4. Das Bewerten von Eindrücken

a) Können wir uns darauf verlassen, was unser Gefühl uns sagt, wenn es um das Erkennen des Willens Gottes geht?

b) Unter welchen Bedingungen spricht Gott direkt zum Herzen des Menschen?

c) Spricht manchmal auch der Satan direkt zum Menschen? Wenn ja, wie können dann beide Stimmen voneinander unterschieden werden?

d) Welche Rollen spielen Müdigkeit und Krankheit für das Bewerten von Eindrücken?

e) Wie können wichtige Entscheidungen getroffen werden, ohne daß sie sich zu sehr auf unbeständige Gefühle stützen?

An jeden Teil schließt sich ein Abschnitt mit „Übungs- und Diskussionsfragen" an. Dadurch soll die Verwendung des Materials im Kindergottesdienst, im Konfirmandenunterricht und bei Bibelarbeiten in ähnlicher Form oder in jedem anderen Rahmen möglich werden, wo dies von Nutzen sein könnte. Da beinahe jeder Mensch mit diesen normalen Gefühlen schon einmal zu kämpfen hatte, ist es oft hilfreich, eigene Erfahrungen mit guten Freunden und Mitchristen zu besprechen. In anderen Fällen mag der Einzelne die Fragen für sich selbst beantworten.

Während wir uns dem ersten Themenkreis, der Schuld, nähern, möchte ich Ihnen eine Bibelstelle zum Geleit geben, die uns die Sicherheit gibt, daß wir nicht die Opfer unserer eigenen Gefühle zu sein brauchen. Der Gott, der die unerschöpflichen Quellen des Universums geschaffen hat, ist auch der Erfinder des menschlichen Denkens und Fühlens. Sein inspiriertes Wort der Ermutigung gibt uns die Garantie dafür, daß wir über die Grenzen unseres eigenen Vermögens hinaus leben können.

„Ich habe gelernt, mit dem auszukommen, was ich habe, ob es viel oder wenig ist. Mit Sattsein und Hunger, mit Überfluß und Mangel bin ich in gleicher Weise vertraut. Ich kann alles ertragen, weil Christus mir die Kraft dazu gibt." (Philipper 4,11-13, Gute Nachricht).

Anmerkungen

[1] Diese Unzuverlässigkeit von Gefühlen ist vielleicht eine Erklärung dafür, daß die „Jesus-People-Bewegung", die in den 60 Jahren eine kurze Blütezeit erlebte, nur von kurzer Dauer war. Junge Menschen nahmen eine stark gefühlsbetonte Beziehung zu ihrem Schöpfer auf, aber sie hatten wenig theologisches oder biblisches Wissen, das dieser Beziehung hätte Gehalt geben können. So experimentierten einige, die auf diese Weise gerade begeisterte Christen geworden waren, bald mit verschiedenen Sekten, Kulten und Religionen. Um bereits Gesagtes zu zitieren: „Hurra und Begeisterung können das Fehlen von Disziplin, und Kondition und Praxis und Wissen und Training und Drill und Erfahrung und Profil nicht ausgleichen."

[2] Dobson, James, C., Straight Talk to Men and Their Wives, Wheaton, Ill., Tyndale House Publishers, 1980. Deutsche Ausgabe in Vorbereitung, Editions Trobisch.

[3] Dobson, James, Minderwertigkeitsgefühle – eine Epidemie, Editions Trobisch. 1983, Seite 52.

TEIL I

Schuld

- Wann besteht sie zu Recht, wann zu Unrecht, und worin liegt der Unterschied?
- Welche Konsequenzen ergeben sich aus falschen Schuldgefühlen, für die es keine „Vergebung" gibt?
- Worin liegt der Ursprung des Gewissens, und kann man sich auf sein Urteil verlassen?
- Können Eltern auf das Gewissen ihrer Kinder Einfluß nehmen, und wenn ja, in welcher Art und Weise sollte das geschehen?
- Sind wir auch vor Gott unschuldig, wenn wir uns keiner Schuld bewußt sind?

SCHULD: DAS SCHMERZLICHE GEFÜHL

Wenige Gefühle des Menschen sind so quälend und schmerzlich wie das Gefühl, Schuld auf sich geladen zu haben, und die Unzufriedenheit mit sich selbst. Wenn der Verlust der Selbstachtung schließlich seinen Höhepunkt erreicht hat, beschäftigt er tagsüber die Gedanken und dringt nachts bis tief in die Träume ein. Wir können der Stimme des Gewissens nicht entfliehen. Weil diese Stimme im Inneren des menschlichen Herzens spricht, können wir ihrer unbarmherzigen Anklage nicht entgehen, mit der sie uns unsere Fehler, unser Versagen und unsere Sünde vorhält. Bei manchen besonders sensiblen Naturen ist ständig, vom frühen Morgen bis zum späten Abend, ein innerer „Schnellsprecher" auf dem Posten, der seinem geplagten Opfer laufend Vorhaltungen macht. Die Kliniken, in denen Gemütskranke behandelt werden, sind voll mit Patienten, die nicht in der Lage waren, die Erwartungen, die sie an sich selbst gestellt haben, zu erfüllen. Nun sind sie an der Selbstanklage bis zum Haß auf sich selbst zerbrochen.

16

Hat denn jedes Selbstbewußtsein negative Auswirkungen? Nein, mit Sicherheit nicht. Wenn man mit sich selbst unzufrieden ist, so kann das eine starke Motivation zu verantwortlichem Handeln sein. Ein Mann kann zur Arbeit gehen, obwohl er vielleicht lieber angeln ginge, weil er weiß, daß seine Frau und seine Kinder das Geld brauchen, und weil er sich schuldig fühlen würde, wenn er seinen Pflichten als Familienvater nicht nachkäme. Der Psychiater und Erfinder der Realitätstherapie (Reality Therapy), Dr. William Glasser bestätigt, daß die Unzufriedenheit, die man verspürt, wenn man sich falsch verhalten hat, unbedingt notwendig ist, damit eine Wendung zum Besseren eintreten kann. Das vielleicht beste Beispiel für dieses Prinzip findet sich in der Erfahrung einer religiösen Bekehrung. Zu echter Reue kommt es nur, wenn wir unseren besorgniserregenden Zustand erkennen und uns Christus zu Füßen werfen.

Wie sollen wir nun aber unsere Gefühle richtig deuten? Wie lassen sich destruktive Selbstbeschuldigungen und echte Anklage von Gott voneinander unterscheiden? In der folgenden Diskussion wollen wir einige Dinge erörtern, die hiermit zusammenhängen, damit wir dieses uns so beherrschende Gefühl, das wir alle kennen, besser verstehen lernen.

DER URSPRUNG DER SCHULD

Wie kommt es, daß man sich schuldig fühlt?

Man hat unter Kindern im Alter von 5 bis 9 Jahren eine Untersuchung gemacht und sie gefragt: „Was ist ein Gewissen?". Ein sechsjähriges Mädchen sagte, daß das Gewissen die Stelle sei, „wo es innen brennt, wenn man nicht gut ist." Ein sechsjähriger Junge meinte, er wisse es nicht genau, aber es müsse wohl etwas damit zu tun haben, daß man sich schlecht vorkomme, „wenn man nach den Mädchen oder nach kleinen Hunden tritt." Und ein neunjähriges Mädchen erklärte, es sei die Stimme, die „Nein" sagt, wenn man zum Beispiel den kleinen Bruder verhauen wolle. Sein Gewissen habe den kleinen Bruder „oft davor bewahrt!"

Auch Erwachsene haben Schwierigkeiten , wenn es darum geht, zu definieren, was das Gewissen ist. Ich neige zu der Auffassung, daß wir uns schuldig fühlen, sobald wir unseren inneren Verhaltenskodex miß-achten. Schuldgefühle sind eine Meldung des Unbehagens seitens des Gewissens, die uns eigentlich signalisiert: „Du solltest dich schämen!"

Wenn Schuldbewußtsein bedeutet, daß sich das Gewissen meldet, und wenn Gott unser Gewissen geschaffen hat, kann man dann sagen, daß Schuldgefühle immer auch bedeuten, daß Gott uns damit sagen will, daß wir schuldig sind?

Ich möchte Ihnen das Beispiel eines jungen Mannes erzählen, der mit seinen Schuldgefühlen kämpfte. Dann überlegen Sie bitte, welche Rolle Gott für die negative Beurteilung seines Handelns gespielt hat.

Freunde von mir wollten im Sommer zwei Wochen lang in Urlaub fahren. Sie engagierten einen 15jährigen jungen Mann (nennen wir ihn Johannes), der während ihrer Abwesenheit den Rasen sprengen und die Post hereinholen sollte. Sie gaben ihm einen Haustürschlüssel und baten ihn, das Anwesen in Ordnung zu halten, bis sie wiederkämen.

Johannes erfüllte treu seinen Auftrag und wurde für seine Mühe be-zahlt. Einige Monate später suchte er jedoch das Haus meiner Freunde wieder auf und klingelte an der Haustür. Er sagte, er müsse unbedingt mit ihnen reden. Er wurde ins Wohnzimmer gebeten. Dort gestand er, er sei einmal in ihr Haus gekommen, um die Post hereinzuholen und habe dabei einen Riegel Kaugummi auf dem Tisch liegen sehen. Er stahl den Kaugummi und kaute ihn, aber seither litt er unter einem gro-ßen Schuldbewußtsein. Der weinende junge Mann zog 10 Pfennige aus der Tasche und wollte den gestohlenen Kaugummi bezahlen. Er bat für seine Unehrlichkeit um Vergebung.

Was halten Sie nun für den Ursprung dieser nagenden Schuld? Hat Gott diesen sehr empfindsamen jungen Mann wirklich verurteilt oder war nur er selbst es, der sein Handeln als falsch empfand? Oder noch konkreter: Nehmen wir einmal an, Johannes würde *Sie* um Rat fragen und wollte wissen, ob er die 10 Pfennige zurückgeben und ein Geständ-nis ablegen soll, oder ob er Gott um Vergebung bitten und die ganze Angelegenheit vergessen soll.

Worin, glauben Sie, liegt bei ihm das Problem? Ich habe dieses Bei-spiel von Johannes in verschiedenen Kreisen vor erwachsenen Christen erzählt. Die Reaktionen waren äußerst unterschiedlich. Manche Leute meinen, das Gewissen sei weitgehend ein Produkt frühkindlicher Erzie-hung. Johannes sei so erzogen worden, daß er übersensibel auf diese

Stimme in seinem Inneren reagiere. Vielleicht hätten ihm ein Pfarrer oder seine Eltern beigebracht, sich für Dinge schuldig zu fühlen, die ihn sonst nicht weiter beschäftigt hätten. Diejenigen, die diesen Standpunkt vertraten, neigten deshalb eher dazu, die menschlichen Faktoren, die hier eine Rolle spielen, zu betonen und gleichzeitig die Bedeutung der Stimme Gottes in diesem Fall sehr gering einzuschätzen.

Andere Gesprächsteilnehmer bewerteten das Verhalten von Johannes ganz anders. Sie unterstrichen, daß stehlen stehlen ist, und daß der Wert des Gestohlenen für das, worum es eigentlich geht, ohne Bedeutung ist. Etwas zu nehmen, das einem nicht gehört, ist Sünde, ganz gleich, ob man nun einen Kaugummi oder ein neues Auto entwendet. Diejenigen, die diese Ansicht vertraten, meinten, daß Johannes sich zu Recht in dieser Art und Weise schuldig fühlte, und daß es richtig war, der Familie meines Freundes die Sache wieder zu ersetzen. Für diese Gruppe war Gott der Urheber des Schuldbewußtseins dieses jungen Mannes.

Meiner persönlichen Meinung nach hat Johannes es richtig gemacht, als er gestand, daß er etwas gestohlen hatte. Hätte er in diesem Fall zum Beispiel sein Schuldbewußtsein unterdrückt, so könnte er in Zukunft leicht auch über schwerer wiegendes Fehlverhalten hinweggehen. Kleine Kinder, die kleine Dinge an der Kasse mitgehen lassen – die nur ein paar Pfennige wert sind –, können leicht zu ausgewachsenen Diebstählen und schwerer wiegenden Unehrlichkeiten übergehen. So gesehen erscheint das Schuldgefühl von Johannes gerechtfertigt und eine Wiedergutmachung erforderlich.

Obwohl ich das Empfindungsvermögen für gut und böse bei diesem jungen Mann für eine gute Sache halte, habe ich doch Bedenken, was seine geistliche Entwicklung in der Zukunft anbelangt. Ein Mensch mit einem so empfindlichen Gewissen wie Johannes ist oft besonders empfänglich für eine bestimmte Art von satanischem Einfluß. Indem der Satan einen ethischen Maßstab setzt, der unmöglich einzuhalten ist, kann er ein starkes Gefühl der Selbstverachtung und geistlicher Entmutigung auslösen. Damit kommen wir zu jener Frage zurück, die vor uns liegt, und bei der es um den Ursprung des Schuldbewußtseins geht. Lassen Sie es mich mit größtem Nachdruck sagen: Gott ist *nicht* immer der Urheber dieser Niedergeschlagenheit. Manche Schuldgefühle sind offensichtlich vom Teufel und haben nichts mit den Geboten, Werten und Urteilen unseres Schöpfers zu tun.

Können Sie einige Beispiele für ein schuldbeladenes Gewissen nennen, das nicht von Gott kommt? Kann sich jemand wirklich entsetzlich schlecht vorkommen und dennoch vor Gott nicht schuldig sein?

Aber ja! Ich bin in der Abteilung für Medizinische Genetik am Kinderkrankenhaus von Los Angeles als Professor tätig. Wir sehen das ganze Jahr über Kinder, die an verschiedenen stoffwechselbedingten Krankheiten leiden, die bei unseren kleinen Patienten meistens zu einem Zurückbleiben in ihrer geistigen Entwicklung führen. Außerdem werden die meisten Krankheiten dieser Art durch eine Falschprogrammierung des genetischen Codes hervorgerufen, d. h. jeder Elternteil hat bei der Empfängnis ein krankes Gen dazu beigetragen, wenn das Kind geschädigt ist. Wenn die Eltern erkennen, daß sie selbst daran Anteil haben, daß ihr Kind mißgebildet, unglücklich und in seiner geistigen Entwicklung gestört ist, so kann das vernichtende Auswirkungen haben. Eine Welle von Schuldgefühlen erfaßt in manchen Fällen die Eltern in so erdrückendem Ausmaß, daß die Familie daran zerbricht.

Nun ist es leicht einzusehen, daß nicht Gott der Urheber solcher Schuldgefühle ist. Er weiß – und das sogar besser als wir –, daß die bekümmerten Eltern nicht bewußt ein krankes Kind gezeugt haben. Ihre Erbfaktoren haben sich einfach negativ ausgewirkt. Selbstverständlich würde unser barmherziger Schöpfer sie nicht für eine einzige Konsequenz ihres Verhaltens verantwortlich machen, die sie nicht vorhersehen oder verhindern konnten. Dennoch ist dieses Schuldbewußtsein für viele Eltern, die *sich selbst* dafür verantwortlich machen, unerträglich.

Eltern sind immer in der Gefahr, sich schuldig zu fühlen. Auch wenn wir uns nach Kräften bemühen, können wir sehen, wie unser Versagen und unsere eigenen Fehler im Leben unserer Kinder ihren Niederschlag finden. Wir im Westen sind besonders anfällig für Schuldgefühle gegenüber unserer Familie. Ich kenne eine Mutter, die mit ihrer dreijährigen Tochter auf eine verkehrsreiche Straße zuging. Das Kleinkind trippelte voraus, blieb am Bordstein stehen und wartete darauf, daß die Mutter ihm sagte, wann es über die Straße gehen könne. Die junge Mutter war in Gedanken und nickte zustimmend mit dem Kopf, als das Kind fragte: „Mami, kann ich jetzt gehen?"

Die Kleine rannte auf die Straße und wurde von einem Lastzug erfaßt. Die Mutter packten Furcht und Entsetzen, als sie sah, wie die Vorder- und Hinterräder des Lastzugs das Leben ihres geliebten Kindes zermalmten. Die Frau, außer sich vor Schrecken, schrie vor Angst und

Schmerz auf, rannte auf die Straße und nahm die gebrochenen sterblichen Überreste ihres Kindes in die Arme. Sie hatte die eigene Tochter, die die Mutter zu ihrer Sicherheit brauchte, umgebracht. Diese Mutter wird *niemals* die Schuldgefühle vergessen, die sie in diesem Augenblick hatte. Der „Film" ist in ihrem geplagten Gewissen millionenmal immer und immer wieder abgelaufen – ein kleines Kind, das seine Mutter vertrauensvoll fragt, ob es über die Straße gehen darf. Selbstverständlich hat Gott dieser Frau, der es das Herz gebrochen hat, nicht die Schuld für diesen Vorfall angelastet. Aber sie leidet deswegen nicht weniger darunter.

Ich könnte noch viele Beispiele für schwere Schuldgefühle nennen, die allem Anschein nach auf Selbstquälerei oder auf Umstände zurückzuführen sind.

Würden Sie bitte Ihre Aussage, daß hinter dem Schuldbewußtsein manchmal der Satan steht, erläutern?

Im zweiten Korintherbrief Kapitel 11, Vers 14 wird darauf hingewiesen, daß sich der Satan als „Engel des Lichts" verstellt, das heißt, daß er den falschen Eindruck erweckt, ein Bote Gottes zu sein. Ich habe das in der Beobachtung bestätigt gefunden, daß das unberechtigte Gefühl, Schuld auf sich geladen zu haben, eine der mächtigsten Waffen im Arsenal des Teufels ist.

Indem er sich scheinbar mit der Stimme des Heiligen Geistes verbindet, setzt der Satan das Gewissen ein, um seine Opfer anzuklagen, zu martern und zu quälen. Welches Mittel könnte geeigneter sein, einen Menschen geistlich zu entmutigen, als das Gefühl, mit Schuld beladen zu sein, für die es keine „Vergebung" gibt, weil Gott den betreffenden Menschen eigentlich überhaupt nicht schuldig spricht?

Ich habe einmal einen jungen Mann kennengelernt, der äußerst sensibel für die Stimme seines Gewissens war. Er wünschte sich nichts sehnlicher, als Gott zu dienen. So betrachtete er alles, was er sah und spürte, als direktes Zeichen vom Herrn. Trotzdem hatte er wegen jeder Unvollkommenheit Gewissensbisse. Er lebte in diesem Sinne „unter dem Gesetz", aber die Maßstäbe, die er sich selbst gesetzt hatte, waren viel strenger als die zehn Gebote. Wenn er irgendwo auf dem Gehweg Glasscherben liegen sah und sie nicht aufhob, fühlte er sich schuldig, weil sich möglicherweise ein Kind damit verletzen konnte. Dieser Zwang erfüllte alle Bereiche seines Lebens. Er konnte nicht genießen, was er besaß oder was ihm irgendwie Freude hätte machen können. Und selbstverständlich führte auch jede unerwünschte sexuelle Regung, die er nicht unterdrücken konnte, zu weiteren Qualen.

Dieser junge Mann (wir wollen ihn Walter nennen) meinte, in Gottes Augen nur gerecht werden zu können, wenn er jede böse Tat durch eine entsprechende gute Tat ausglich. Unglücklicherweise „sündigte" er schneller, als er „sühnen" konnte. Aus Furcht, er könnte vergessen, was er alles falsch gemacht hatte, begann er, es aufzuschreiben. Walter saß in der Kirche und schrieb seine Sünden an den Rand der Kirchenzeitung und auf die Rückseite der Karten für die Besucher der Kirche.

Trotz seines großen Bemühens, vollkommen zu sein, blieb er immer weiter und weiter hinter seiner Verpflichtung zurück, für seine unzähligen Missetaten Sühne zu leisten. Schließlich führte das ständige Gefühl, Schuld mit sich herumzutragen, bei Walter zu theologischer Verwirrung und geistlicher Entmutigung. Es gab einfach keine Möglichkeit, wie er seinen zürnenden und fordernden Schöpfer zufriedenstellen konnte.

Im Verlauf eines Prozesses des Rationalisierens und emotionaler Krisen gab Walter schließlich seinen Glauben und sein Christsein auf. Als Folge davon steckt dieser junge Mann heute tief im Atheismus. Er hat sich, glaube ich, von seinen quälenden Schuldgefühlen befreit, indem er begann, die Existenz dieses Gottes zu leugnen, der ihn so vieler unumgänglicher „Sünden" wegen anklagte.

Die Bibel beschreibt den Satan als unglaublich listig und bösartig. Er gleicht in keiner Weise jenem gehörnten Wesen mit einer Mistgabel, dem wir in volkstümlichen Darstellungen begegnen. Er ist ein „brüllender Löwe, der sucht, wen er verschlingen kann" (s. 1. Petrus 5, 8). Ja, er ist sogar eine Bedrohung für die, die Gott als die Seinen auserwählt und angenommen hat. So habe ich bei meinen Beobachtungen festgestellt, daß der Satan auch nicht von entschiedenen Christen abläßt – nur, daß er von einer anderen Ecke aus angreift. In Walters Fall zerstörte er den Glauben des jungen Mannes, indem er ihn mit „nicht vergebbarer" Schuld peitschte.

Sie haben gezeigt, daß es Schuldgefühle gibt, die nicht dem Urteil Gottes entspringen. Mit anderen Worten: Man kann sich schuldig fühlen und doch vor Gott unschuldig sein. Was ist nun mit der Kehrseite der Medaille? Wenn wir uns nicht schuldig fühlen, heißt das dann auch,

daß wir in den Augen unseres Schöpfers ohne Fehl und Tadel sind?
Kann ich mich auf mein Gewissen verlassen, wenn es darauf ankommt,
daß ich erkenne, ob Gott mit mir unzufrieden ist?

Ganz offensichtlich nicht immer. Es gibt viele Beispiele von schlechten Menschen, die sich wegen ihres Tuns nicht schuldig fühlen. Wir können es selbstverständlich nicht mit absoluter Sicherheit sagen, aber es gibt keinen Hinweis darauf, daß Adolf Hitler sich gegen Ende seines Lebens in irgendeiner Weise schwere Vorwürfe gemacht hätte, obwohl er so viel Elend über die Welt gebracht hat.

Wie sollte er keine Ahnung davon gehabt haben, daß auf seinen Befehl hin Hunderttausende von unschuldigen jüdischen Kindern ihren weinenden Eltern aus den Armen gerissen und in die Gaskammern geworfen oder von der SS erschossen wurden? Als 1944 die Alliierten Deutschland angriffen, wurden Tausende von nackten Säuglingen und Kleinkindern in Schneestürmen ausgesetzt und mit Wasser übergossen, damit sie durch Erfrieren zu Tode kamen. Hitler hatte diese entsetzliche „Endlösung" erfunden und durchgeführt. Es ist jedoch von ihm nicht bekannt, daß er jemals ein Wort des Zweifels oder Gewissensbisse geäußert hat.

Ebenso heißt es von Joseph Stalin, daß er zwischen 20 und 30 Millionen Menschen in der langen Zeit seiner Diktatur ermordet hat. Trotzdem hatte er offenbar bis zu seinem Ende ein unerschütterlich ruhiges Gewissen. Er empfand auf dem Totenbett keine sichtbare Reue oder Trauer.

Ich möchte damit deutlich machen, daß die Stimme des Gewissens bei manchen Menschen sehr schwach ist. Sie kann zum Schweigen gebracht oder übergangen werden, bis ihre flüsternde Anklage nicht mehr vernommen wird. Das vielleicht beste Beruhigungsmittel für ein schlechtes Gewissen ist, daß ein bestimmtes Verhalten gesellschaftlich akzeptabel ist. Wenn es doch jeder tut, so wird argumentiert, kann es nicht sehr schlecht oder keine große Sünde sein.

Eine Studie gibt Aufschluß darüber, daß heute 66 Prozent der College-Studenten es in Ordnung finden (d.h. sie haben keine Schuldgefühle dabei), wie „die anderen auch" mit jemandem, mit dem sie befreundet sind, Geschlechtsverkehr zu haben. Ein Viertel aller College-Studenten in den USA haben drei Monate oder länger mit einem Vertreter des anderen Geschlechts das Schlafzimmer geteilt. Sie sehen: wenn diese „freizügigen" jungen Menschen sich vor zwanzig Jahren auf sexuellem Gebiet so verhalten hätten, hätten die meisten von ihnen mit Schuldgefühlen und Gewissensbissen zu kämpfen gehabt. Heute lullen sie sich hingegen in ein falsches Sicherheitsgefühl ein, denn ihr Verhalten wird von der Gesellschaft akzeptiert. Die Schuldgefühle des Einzelnen sind teilweise das Produkt von Grundhaltungen und Moralvorstellungen, die allen gemeinsam sind, trotz der Tatsache, daß die Maßstäbe Gottes ewig sind und weder geändert noch neu ausgehandelt werden können. Seine Gesetze bleiben in Kraft, auch wenn die ganze Welt sie nicht beachtet, wie in den Tagen Noahs.

Ich möchte damit sagen, daß das Gewissen eine unvollkommene geistige Fähigkeit des Menschen zur Selbsteinschätzung ist. Es gibt Zeiten, in denen es uns für Fehler und menschliche Schwächen verurteilt, für die wir nichts können. Bei anderen Gelegenheiten wiederum wird es, angesichts unglaublicher Bosheit, schweigen.

LEBEN MIT DEM GEWISSEN

Wie soll ich nun mit meinem Gewissen umgehen? Soll ich es ganz beiseite lassen? Spricht Gott nicht durch dieses innere Bewußtsein?

Lassen Sie uns die Antworten auf diese Frage in der Heiligen Schrift suchen. Das Wort bezieht sich in Dutzenden von Stellen direkt auf das Gewissen. Ich habe einige davon im folgenden zusammengestellt, wie sie im revidierten Luthertext vorkommen:
- ein "schwaches Gewissen", 1.Korinther 8,7;
- ein "unreines Gewissen", Titus 1,15;
- ein "unverletztes Gewissen", Apostelgeschichte 24,16;
- ein "reines Gewissen", 1. Timotheus 3,9;
- ein "gutes Gewissen", Apostelgeschichte 23,1; Hebräer 13,18;
- ein "Brandmal in ... (seinem) Gewissen haben", 1. Timotheus 4,2;
- ein "Gewissen, das es bezeugt", Römer 2,15;
- das "Zeugnis unseres Gewissens", 2. Korinther 1,12;
- "wir bitten Gott, daß er uns ein gutes Gewissen schenke", 1.Petrus 3,21.

Wir können einfach nicht bestreiten, daß wir ein Gewissen haben oder daß der Heilige Geist über das Gewissen Einfluß auf uns nimmt. Besonders gut paßt hierher Römer 9,1: "Für das, was ich jetzt sage, rufe ich Christus zum Zeugen an. Auch mein Gewissen, das vom Heiligen Geist geleitet wird, bestätigt mir, daß ich die Wahrheit sage." (Gute Nachricht).

Eine andere Stelle in der Heiligen Schrift, die das Gewissen ins rechte Licht rückt, ist Römer 2,14. Dort heißt es folgendermaßen: "Ihr Verhalten zeigt, daß ihnen die Forderungen des Gesetzes *ins Herz* geschrieben sind, und dasselbe *beweist ihr Gewissen*, dessen Stimme sie abwechselnd *anklagt* oder *verteidigt.*" (Gute Nachricht, Hervorhebungen von mir).

Hier steht es nun ausdrücklich. Das Gewissen ist eine Realität, und der Heilige Geist macht sich diese zunutze. Andererseits konnten wir zeigen, daß das Gewissen gelegentlich nicht zuverlässig ist. Durch diesen Widerspruch befinden wir uns als Christen in einem großen Dilemma. Wir müssen Echtes von Unechtem, Wirkliches von Unwirklichem, Richtiges von Falschem unterscheiden lernen. Wie können wir zuverlässig entscheiden, was unserem Gott, der uns liebt, gefällt und was nicht, wenn diese innere Stimme irgendwie unzuverlässig ist?

Sie sagen aber trotzdem nicht, daß man sich auf sein Gewissen überhaupt nicht verlassen soll?

Nein, ganz bestimmt nicht. Wie wir gesehen haben, ist das Gewissen besonders oft vom Heiligen Geist erleuchtet, deshalb *dürfen* wir seine Mahnungen nicht mißachten. Was ich dazu gesagt habe, könnte für jemand, der alles rationalisieren muß und der sich sowieso nach nichts und niemandem richten will, noch Wasser auf die Mühle sein. Ich habe jedoch nicht die Absicht, die Bedeutung des Gewissens als gering einzuschätzen, sondern ich möchte vielmehr dazu beitragen, daß seine Bedeutung besser verstanden wird.

Schuldgefühle sind ein Ausdruck des Gewissens, das ein Produkt unserer Gefühle ist. Es ist ein Gefühl der Unzufriedenheit, das an den Verstand von einer Instanz aus weitergegeben wird, die wir als das "Gefühlsministerium" bezeichnen könnten. Im "Gefühlsministerium" tagt ständig der "Innere Ausschuß für Ethik und Moral". Er setzt sich aus finsteren kleinen Gesellen zusammen, die all unser Denken und Tun überwachen. Nichts, was wir tun, entgeht ihrer Aufmerksamkeit. Und sie können äußerst unangenehm werden, wenn etwas nicht so ist, wie es sein sollte. Dennoch können sie sich in ihrem negativen (oder sogar positiven) Urteil irren. Sie sind voreingenommen durch Dinge, die sie gesehen und gehört haben, und manchmal machen sie Fehler. Bevor das Urteil des "Ausschusses für Ethik und Moral" als wahr angenommen werden kann, muß es deshalb zuerst von zwei anderen "Ministerien" des Geistes überprüft werden. Das Gefühl der Verurteilungswürdigkeit darf nicht unbeachtet bleiben, aber man sollte es auch nicht einfach so stehen lassen.

1. So muß das *Schuldgefühl* dem "Ministerium des Verstandes" vorgetragen werden. Dort ist es weiter zu bewerten und zu überprüfen. Es wird dort durch verstandesmäßige Überlegungen getestet: Welche Empfehlung gibt mein Pfarrer dazu? Wie sollte man sich meiner Meinung nach in einer solchen Situation eigentlich verhalten? Ist es recht und billig, daß Gott mich für das, was ich gedacht oder getan habe, zur Verantwortung zieht?

2. Und selbstverständlich bleibt der letzte Maßstab, an dem Schuldgefühle zu überprüfen sind, die Heilige Schrift. Was sagt die Bibel dazu? Wenn sie keine direkte Aussage dazu macht: Um welches Prinzip geht es hier? In dieser Art und Weise werden die Schuldgefühle durch den Prozeß verstandes- und vernunftmäßiger Argumentation auf ihre Gültigkeit hin überprüft. Es wird auch manchmal vorkommen, daß Schuldgefühle nicht im emotionalen, sondern im Bereich des Intellekts selbst entstehen. Stellen wir uns vor, jemand liest in der Bibel die Worte Jesu: "Die feigen Verleugner aber,... deren Teil wird sein in dem Pfuhl." (s. Offenbarung 21,8). Sofort fallen ihm seine unordentliche Einkommenssteuererklärung und die vielen "unbewußten Lügen" ein, die er erzählt hat. Die Sache kommt vor das "Gefühlsministerium", und Schuldgefühle treten auf.

3. Aber es gibt noch eine dritte Instanz des Geistes, die die Entscheidungen von Gefühl und Verstand zu überprüfen hat. Es ist das "Willensministerium". Dabei handelt es sich um eine Einrichtung von enormer Bedeutung, denn dort geht es um die Absichten des Menschen. Ich persönlich bin der Meinung, daß kein Schuldgefühl als von Gott geschickt betrachtet werden sollten, bei dem das Verhalten nicht Ausdruck einer willentlichen Entscheidung zum Ungehorsam gegen Gott war.

Lassen Sie mich das erklären. Stellen Sie sich vor, ich fordere meinen dreijährigen Sohn direkt zu etwas auf: "Daniel, bitte mach' die Tür zu." Aber er, in seinem kindlichen Unverstand, begreift nicht, was er tun soll, und macht die Türe noch weiter auf. Er hat mir nicht gehorcht. Er hat genau das Gegenteil von dem getan, was ich ihn geheißen habe. Dennoch wäre ich ein schlechter Vater, wenn ich ihn wegen dieses Versagens strafen wollte. Er hat versucht, mir zu gehorchen, aber nicht ganz verstanden, was ich von ihm wollte. Sie sehen: ich beurteile meinen Sohn eher nach seinen *Absichten,* als nach seinem tatsächlichen Verhalten. Dementsprechend muß Daniel niemals so sicher mit Bestrafung rechnen, als wenn er weiß, was ich von ihm möchte, sich aber weigert, mir zu gehorchen.

Ebenso bin ich in der Beziehung zu Gott geborgen. Ich bin sicher, daß ich manchmal genau das Gegenteil von dem tue, was Er will. In meiner menschlichen Schwachheit, in meinem unvollkommenen Verstehen, bleibe ich zweifellos hinter dem zurück, was Er als das Beste für mein Leben will. Aber ich glaube, daß mein barmherziger Vater mich nach dem richtet, was Ausdruck meines Willens ist. Wenn er mir gesagt hat, was ich tun soll, und wenn ich Ihm nicht gehorchen will, dann stehe ich ohne Entschuldigung vor Ihm.

Das Wesen Gottes zeigt sich uns in der Person Jesu, dessen Tod am römischen Kreuz für unsere Erörterung von Bedeutung ist. Wenige von uns können sich die Qualen eines Kreuzestodes vorstellen. (Das Opfer konnte nur ausatmen, wenn es sich auf den mit Nägeln durchbohrten Füßen nach oben abstützte. Daraus erklärt sich, daß dem Brechen der Beine unausweichlich der Tod folgte).

Trotz der entsetzlichen Schmerzen und Martern, die Jesus über der Menge, die Ihn verlachte und verhöhnte, erduldete, sah er auf die Henker hinunter und sagte: "Vater, vergib ihnen. " Warum? *"Denn sie wissen nicht, was sie tun."* (Lukas 23, 34).

Er machte sie nicht persönlich verantwortlich für das schlimmste Verbrechen, das die Menschheit jemals begangen hat, denn sie gehorchten einem militärischen Befehl und widersetzten sich Gott nicht wissentlich - und ohne es zu wollen. Ich bin fest davon überzeugt, daß Jesus mir die gleiche Gnade anbietet. Psalm 103, 13 weist darauf hin, daß Er sich unser erbarmt, wie sich ein Vater seiner Kinder erbarmt. Das ist eine Analogie, die ich verstehen kann!

Um diese Ansicht zusammenzufassen, lassen Sie mich noch einmal wiederholen, daß Schuldgefühle eine wichtige Aufgabe haben und nicht übergangen werden dürfen. Bevor sie allerdings als Ausdruck des Mißfallens vor Gott betrachtet werden dürfen, müssen sie durch Verstand und Willen überprüft werden. Die folgende Tabelle stellt diesen Prozeß dar:

Innere Instanz	**Testfrage**
1. Gefühl	Was empfinde ich?
2. Verstand	Ist es gerechtfertigt und biblisch?
3. Wille	Welche Absicht hatte ich dabei?

Wenn ich vor Gott, dem Allmächtigen schuldig bin, wird das Schuldgefühl von allen drei inneren Instanzen bestätigt. In gewisser Weise funktionieren sie nach dem Prinzip der Gewaltenteilung, so wie die staatliche Obrigkeit in einer Demokratie in Gesetzgebung, Rechtsprechung und Exekutive gegliedert ist. Jede Abteilung arbeitet mit den anderen beiden zusammen und verhindert, daß die anderen eine ungute Machtfülle erhalten. Ein solches Übergewicht entsteht auch, wenn man seinen Gefühlen freien Lauf läßt, wie die Erfahrung mit Walter zeigt. Dann muß es unausweichlich zu einer inneren Diktatur kommen, und die Schuldgefühle werden sich wie ein Wasserfall überstürzen.

Könnten Sie bitte ein Beispiel für ein Schuldgefühl nennen, das mit Verstand und Wille geprüft wurde?

Eine eigene Erfahrung, die ich gemacht habe, kann als Beispiel für das Prüfungsschema dienen, das ich vorgeschlagen habe.

Vor einigen Jahren hatten meine Frau und ich unser erstes Haus gekauft. Es war klein, aber der Platz reichte für zwei Personen aus. Als im darauffolgenden Jahr unsere Tochter geboren wurde, wollten wir noch ein Wohnzimmer anbauen. Glücklicherweise hatte der frühere Besitzer bereits die gleiche Idee gehabt und das Dach entsprechend gebaut, sowie eine Betondecke gegossen, bevor er diesen Plan dann doch fallen ließ. Ich suchte mir einen Maurer, der die Wände hochziehen und das Zimmer von innen herrichten sollte.

Als er mit dem Bauen begonnen hatte, riet mir mein "Wochenendmaurer" (der die Woche über in einem anderen Beruf beschäftigt war), ich sollte nicht versuchen, eine Baugenehmigung einzureichen. Er sagte, das würde nur meine Steuerschuld erhöhen und sei wahrscheinlich sowieso unnötig. Er erzählte mir genau, was ich hören wollte. Ich redete mir ein, es sei vielleicht nicht unbedingt Pflicht, die Stadt über mein Vorhaben zu informieren, vor allem, weil ich ja den Grundriß unter dem Dach nicht veränderte. Ich ließ alle fünfe gerade sein, wie man so schön sagt.

Es lief alles nach Wunsch, und das neue Zimmer wurde fristgemäß fertig. Die Stadtverwaltung war nicht klüger als zuvor, und ich erledigte das moralische Problem und ließ es gut sein. Aber als ich im nächsten Frühjahr zur Grundbesitzsteuer veranlagt wurde, mußte ich immer nur an die zusätzliche Steuerschuld denken, die ich für die Wertsteigerung meines Hauses hätte entrichten müssen. Aber es kostete mich schon mehr Kraft als zuvor. Als im Sommer der Steuereinschätzer des Kreises vorbeikam, sah ich, wie er den Wert meines Anwesens von der Straße aus zu beurteilen versuchte. Er sah sich das Haus nicht von hinten an, denn er konnte ja nicht wissen, daß dort etwas Neues gebaut worden war. Das gab mir den Rest! Zum ersten Mal stellte ich mich meinen Schuldgefühlen und überprüfte sie mit Willen und Verstand.

Es konnte nicht richtig und ehrlich sein, sich nicht an die Verordnungen der Stadt und des Kreises zu halten. In gewissem Sinne hatte ich die Differenz zwischen dem niedrigeren Steuerbetrag, den ich zahlte, und dem höheren, den ich hätte zahlen müssen, gestohlen. Zum Thema Diebstahl hatte die Bibel mit überwältigender Klarheit etwas zu sagen. Meine Schuldgefühle erwiesen sich allen Kriterien des Verstandes gegenüber als angebracht.

Ausschlaggebend war die Überprüfung anhand des Willens. Ich mußte mir eingestehen, daß ich von Anfang an über die gesetzliche Bestimmung, daß ich eine Baugenehmigung brauchte, Bescheid gewußt hatte. Trotz meines sorgfältigen Rationalisierens hatte ich mich willentlich über eine gesetzliche Bestimmung hinweggesetzt. Meine Schuldgefühle hatten sich als berechtigt erwiesen.

Am nächsten Tag schrieb ich einen Brief an den Steuereinschätzer des Kreises. Ich erklärte ihm genau, was geschehen war. Ich gab auch an, wann die bauliche Veränderung stattgefunden hatte, und bat darum, er möge einen Beamten vorbeischicken, der den Wert meines Hauses neu schätzen könne. Das Bewußtsein von Schuldigkeit und Verurteilungswürdigkeit schien durch die Feder meines Füllers aus mir herauszufließen, und als ich den Brief beendet hatte, war es verschwunden. Ich bat Gott um Vergebung, und es war gut - ein für allemal.

Nebenbei bemerkt, bekommt der Steuereinschätzer unseres Kreises jährlich eine Million Briefe von Leuten, die sich darüber beklagen, daß sie zu hohe Steuern zahlen müssen. Ich bezweifle, ob er jemals einen Brief bekommen hat, in dem ihm jemand versichert, seine Steuern seien zu niedrig bemessen! Er war jedenfalls offenbar in keiner Weise darauf vorbereitet, so etwas wie mein Schreiben zu bearbeiten. Er

schickte mir ein Formular zu, auf dem stand, wie ich gegen meine über-
höhten Steuern Berufung einlegen könnte, falls ich überzeugt sei, ungerecht behandelt worden zu sein. Daran hatte ich nun eigentlich weniger
gedacht!

GEWISSENSBILDUNG DURCH DIE ELTERN

*Würden Sie bitte noch etwas ausführlicher beschreiben, wie das Ge-
wissen beschaffen ist und funktioniert? Sie erwähnten zuvor indirekt,
daß die Schuldgefühle eines Menschen teilweise von dem abhängen,
was man ihm als Kind beigebracht hat. Ist das richtig?*

Das Thema Gewissen ist ein äußerst komplexes und wichtiges Gebiet. Philosophen und Theologen haben sich jahrhundertelang über
seine Bedeutung gestritten. Man könnte ihre Ansichten von Anfang an
durch ihre Gegensätzlichkeit und Widersprüchlichkeit charakterisieren.
Da ich weder Philosoph noch Theologe bin, bin ich mir in besonderer
Weise bewußt, auf was für ein weites Feld wir uns hier begeben. So
habe ich versucht, mich vor allem auf die psychologischen Aspekte unseres Themas zu konzentrieren. Der große deutsche Philosoph Imma-
nuel Kant ist der Vorstellung scharf entgegengetreten, daß Erfahrungen
aus der Kindheit die Bildung des Gewissens beeinflussen. Er behaup-
tete eindeutig, daß das Gewissen *nicht* ein Produkt der Erfahrung sei,
sondern eine angeborene Fähigkeit der Seele. Ich glaube, die Mehrzahl
der Kinderpsychologen würde Kant heute in diesem Punkt heftig widersprechen. Sein Gewissen hat der Mensch weitgehend von seinen Eltern mitbekommen - durch ihre Erziehung und Unterweisung, durch
ihre Zustimmung und Ablehnung. Was ihm bis zum zehnten Lebens-
jahr als richtig oder falsch beigebracht wird, wird er nie mehr ganz vergessen, auch wenn er sich später darüber hinwegsetzen kann.

*Legt das uns als Eltern aber nicht eine ungeheure Verantwortung
auf?*

Die richtige „Programmierung" des Gewissens ist eine der schwierigsten Aufgaben, die wir als Eltern haben. Es gehört sehr viel Weisheit
dazu, wenn wir sie gut erfüllen wollen. Vor fünfzig Jahren waren Eltern
eher in Gefahr, übersteigerte Schuldgefühle in ihren Kindern wachzuru-

fen. Nun sind wir, meiner Auffassung nach, viel zu weit in die entgegengesetzte Richtung gegangen. In manchen Fällen vermitteln wir unseren Kindern sogar, nichts sei Sünde oder habe irgendwelche negativen Folgen.

Sollte es einem Kind überlassen bleiben, bezüglich seiner Gottesvorstellung „selbst eine Entscheidung zu treffen"? Zwingen wir ihm unsere Religion nicht auf, wenn wir ihm sagen, was es glauben soll?

Genau diese Frage ist mir schon einmal von christlichen Eltern gestellt worden. Ich habe darauf in meinem Buch „Unsere Kinder sind unmöglich" folgendermaßen geantwortet:

„Ich möchte diese Frage mit einem Bild aus der Natur beantworten. Ein Gänschen hat ein seltsames Kennzeichen, das in diesem Zusammenhang interessant ist. Kurz nachdem es aus einer Schale geschlüpft ist, hängt es am ersten Gegenstand, wenn er sich in seiner Nähe bewegt. Normalerweise hängt es an der Muttergans, die dabei war, die neue Generation auszubrüten. Wenn man sie aber wegnimmt, wird sich das Gänschen für jeden anderen beweglichen Ersatz entscheiden, sei er lebendig oder nicht. Ein Gänschen wird deshalb ganz leicht einem schwarz-weißen Fußball folgen, der an einer Schnur gezogen wird. Eine Woche später wird es sich hinter dem Fußball einordnen, wenn er sich vorbeibewegt. Bei diesem Vorgang ist der Zeitpunkt der entscheidende Faktor. Das Gänschen ist nur ein paar Sekunden lang dafür anfällig, nachdem es aus dem Ei herausgeschlüpft ist; wenn diese Gelegenheit versäumt wird, kann man sie später nicht nachholen. Mit anderen Worten: es gibt eine kritische, kurze Phase im Leben des Gänschens, in der dieses instinktive Lernen möglich ist.

Auch im Leben des Kindes gibt es eine kritische Periode, wo gewisse Formen der Belehrung möglich sind. Obwohl Menschen keine Instinkte haben – sie haben nur Triebe, Reflexe usw. –, gibt es während der Kindheit eine kurze Phase, wo Kinder für die religiöse Unterweisung offen sind. Ihre Vorstellung von Recht und Unrecht, die Freud das 'Über-Ich' nannte, werden während dieser Zeit geformt, und die Festigung der Gottesvorstellung beginnt. Wie beim Gänschen muß die Gelegenheit dieser Phase aufgegriffen werden, solange sie vorhanden ist. Führer der katholischen Kirche sollen gesagt haben: „Gib uns ein Kind, bis es sieben Jahre alt ist, und wir werden sein ganzes Leben haben." Diese Behauptung trifft gewöhnlich zu, weil bleibende Einstellungen während dieser sieben anfälligen Jahre eingeimpft werden können. Leider ist das Gegenteil auch wahr. Fehlen oder Mißbrauch von Unterweisung während dieser wichtigen Phase kann die Tiefe der späteren Gotteshingabe des Kindes stark begrenzen. Wenn Eltern sagen, sie wollen ihrem Kind die Unterweisung vorenthalten und es „selbst entscheiden lassen", so garantieren sie damit praktisch, daß es eine negative 'Entscheidung' treffen wird. Wenn Eltern wollen, daß ihr Kind einen sinnvollen Glauben entwickelt, müssen sie jeden fehlgeleiteten Versuch zur Objektivität aufgeben. Das Kind hört genau zu, um zu entdekken, wieviel seine Eltern von dem glauben, was sie predigen; jede Unentschlossenheit oder ethische Verwirrung seitens der Eltern wird beim Kind wahrscheinlich verstärkt auftreten."[1]

Wenn diese ersten Jahre so entscheidend sind, warum lehnen dann manche Kinder Gott ab, wenn sie heranwachsen, obwohl sie in einer christlichen Familie aufgewachsen sind, mit im Gottesdienst waren und im Glauben unterwiesen worden sind?

Es stimmt, daß manche Heranwachsende für die Werte, die ihre Eltern ihnen zu vermitteln versuchten, nichts übrig haben und kein Verständnis dafür aufbringen. Zu ihrem Entsetzen stellen die Eltern dann zu spät fest, daß ihre Erziehung nichts gefruchtet hat.

Jedesmal, wenn ich einem solchen Fall begegne, muß ich an die Geschichte von Eli im Alten Testament denken (s. 1. Samuel 2-4). Dem gottesfürchtigen Priester gelang es nicht, seine eigenen Söhne zu retten, die verweltlicht und ruchlos wurden. Noch mehr aber beunruhigt mich dieses: Samuel der Prophet – einer der größten Männer der Bibel – war Zeuge von Elis Fehlern und verlor dennoch ebenfalls seine Kinder!

Gott wird unsere Kinder nicht unbedingt bewahren, sozusagen als Lohn für unsere Hingabe an Ihn! Christsein ist nichts, was von einer Generation auf die nächste weitervererbt wird. Wir müssen frühzeitig unser Teil dazu beitragen. Mit dieser Aufforderung an die Eltern, „ein Kind auf die Richtung hin zu erziehen, in die es gehen soll," erhebt sich eine schwierige Frage: In welche Richtung *soll* es denn gehen? Was sollte man einem Kind in den ersten sieben Jahren beibringen, wenn diese Zeit die wichtigste Phase religiöser Erziehung darstellt? Welche Erfahrungen sollte das Kind in dieser Zeit machen? Welche Werte sollten besonders betont werden?

Ich bin fest davon überzeugt, daß ein Kind eine gut überlegte und systematisch aufgebaute religiöse Erziehung braucht. Dennoch überlassen wir in dieser Frage viel zuviel dem Zufall. Wahrscheinlich würden wir viel öfter ins Schwarze treffen, wenn wir das *Ziel* deutlicher vor Augen hätten.

Auf den folgenden Seiten finden Sie eine Checkliste für Eltern – eine *Zusammenstellung der Ziele, die erstrebenswert sind.* Zur Verwirklichung vieler dieser Punkte ist Reife nötig, die Kindern noch fehlt, und wir sollten nicht versuchen, in unseren unvernünftigen Kleinen erwachsene Christen zu sehen. Aber wir können sie in der leicht prägbaren Entwicklungsphase der Kindheit einfühlsam in diese Richtung, auf diese Ziele hinlenken.

Die im folgenden genannten sechs biblischen Zielvorstellungen bilden ihrem Wesen nach die Grundlagen, auf denen alle zukünftigen Überzeugungen und jeder zukünftige Glaube aufbauen werden. Sie umfassen im Grunde die Dinge, aus denen das Gewissen besteht. Christliche Eltern können diese sechs Zielvorstellungen als grobe Richtlinien für das benutzen, was sie ihren Kindern mitgeben können.[2]

ZIEL I

Du sollst Gott, deinen Herrn, lieben von ganzem Herzen (Markus 12, 30).

_____ Erfährt Ihr Kind die Liebe Gottes durch die Liebe, Zärtlichkeit und Güte seiner Eltern? (Von allergrößter Wichtigkeit.)

_____ Lernt Ihr Kind, über den Herrn zu sprechen und in seinem Denken und Handeln mit Ihm zu rechnen?

_____ Lernt es, sich mit der Bitte um Hilfe an Jesus zu wenden, wenn es sich fürchtet, Angst hat oder sich verlassen fühlt?

_____ Lernt es, die Bibel zu lesen?

_____ Lernt es beten?

_____ Lernt es die Bedeutung von Glauben und Vertrauen kennen?

_____ Lernt es die Freude des Christseins kennen?

_____ Lernt es die Schönheit der Geburt und des Todes Jesu kennen?

ZIEL II

Du sollst deinen Nächsten lieben wie dich selbst (Markus 12, 31).

_____ Lernt Ihr Kind, sich in andere Menschen einzufühlen und sie zu verstehen?

_____ Lernt es, nicht selbstsüchtig und fordernd gegenüber anderen zu sein?

_____ Lernt es teilen?

_____ Lernt es, zu anderen freundlich zu sein?

_____ Lernt es, *sich selbst anzunehmen?*

ZIEL III

Lehre mich tun nach deinem Wohlgefallen, denn du bist mein Gott (Psalm 143, 10).

_____ Lernt Ihr Kind, seinen Eltern zu gehorchen – als Vorbereitung zum späteren Gehorsam gegenüber Gott? (Von allergrößter Wichtigkeit.)

_____ Lernt es, wie man sich in der Kirche – im Haus Gottes – richtig benimmt?

_____ Lernt es eine gesunde Wertschätzung beider Wesenszüge Gottes, Seiner Liebe und Seiner Gerechtigkeit, kennen?

_____ Lernt es, mit Autoritäten, mit den Eltern, den Lehrern, der Polizei usw. zusammenzuarbeiten und sie zu achten?

_____ Bringen Sie ihm bei, was Sünde ist, und erfährt es etwas über ihre unausweichlichen Folgen?

ZIEL IV

Fürchte Gott und halte alle seine Gebote; denn das gilt für alle Menschen (Prediger 12, 13).

_____ Lernt Ihr Kind, wahrheitsliebend und ehrlich zu sein?

_____ Lernt es den Sabbat heiligen?

_____ Lernt es, wie relativ unbedeutend materielle Dinge sind?

_____ Erfährt es, was eine christliche Familie ausmacht, und welche Treue nach dem Willen Gottes dazugehört?

ZIEL V

Der Geist Gottes dagegen läßt eine Fülle von Gutem wachsen: Selbstbeherrschung (Galater 5, 22/23; Gute Nachricht).

_____ Lernt Ihr Kind, einen Teil seines Taschengeldes (und anderen Geldes) Gott zu geben?

_____ Lernt es Triebverzicht?

_____ Lernt es, mit kleineren Frustrationserlebnissen fertig zu werden?

_____ Lernt es Stellen aus der Heiligen Schrift auswendig, und kann es sie zitieren?

ZIEL VI

Wer sich selbst erniedrigt, der soll erhöht werden (Lukas 14, 11).

_____ Lernt Ihr Kind, dankbar zu sein?

_____ Lernt es, Gott für die guten Dinge des Lebens zu danken?

_____ Lernt es, zu vergeben und zu vergessen?

_____ Lernt es den gewaltigen Unterschied zwischen Selbstgefühl und egoistischem Stolz kennen?

_____ Lernt es, sich in Ehrfurcht vor dem Gott des Universums zu neigen?

Abschließend wäre noch zu bemerken, daß Ihr Kind in diesen sieben Jahren darauf vorbereitet werden sollte, daß es als junger Mensch, der in der Lage ist, Verantwortung zu tragen, einmal sagen kann: „Herr, hier bin ich. Sende mich!" Ein richtig gebildetes Gewissen ist der Schlüssel zur Vorbereitung darauf.

ACHT SCHLUSSFOLGERUNGEN ZUM THEMA SCHULD

Lassen Sie mich nun noch einmal diese kurze Erörterung in acht Schlußfolgerungen zusammenfassen, zu denen ich bei der Behandlung dieses so wichtigen Themas gekommen bin. Diese lauten:

_____ 1. Gott ist nicht der Urheber aller Schuldgefühle.

_____ 2. Wenn wir keine Schuldgefühle haben, so bedeutet das noch nicht, daß wir auch vor Gott nicht schuldig sind.

    3. Deshalb ist das Gewissen kein absolut zuverlässiger Maß-
stab dafür, ob wir vor Gott bestehen können oder nicht.

    4. Trotzdem lehrt uns Römer 9, 1, daß das Gewissen ein
Werkzeug des Heiligen Geistes ist, und daß Er es oft erleuchtet.

    5. Das Gewissen ist demnach ein wertvoller Schatz des Chri-
sten und nicht etwa eine seelische Störung, die es zu behe-
ben gilt. Wir müssen die Informationen unseres Gewissens
noch genauer prüfen.

    6. Wenn unsere Schuldgefühle von Gott kommen, bleiben sie
auch vor den Instanzen von Verstand und Willen bestehen.

    7. Das Gewissen wird uns weitgehend von unseren Eltern mit-
gegeben. Daraus ergibt sich für Väter und Mütter die große
Verantwortung, diese Aufgabe richtig zu erfüllen.

    8. Den endgültigen Prüfstein dafür, ob wir vor Gott bestehen
können oder nicht, finden wir in Römer 8, 1 – unabhängig
von dem, was wir fühlen: „So gibt es nun keine Verdammnis für die, die in Christus Jesus sind."

ÜBUNGS- UND DISKUSSIONSFRAGEN

Der Ursprung der Schuld

1. Lesen Sie, was Dr. Dobson über den „inneren Verhaltenskodex"
sagt, und wie er die Bedeutung dieser Normen für das Aufkommen
von Schuldgefühlen bewertet. Nennen Sie drei Dinge, die Sie nach Ihrem inneren Verhaltenskodex eindeutig als *falsch* bezeichnen würden.
Sprechen Sie mit jemandem darüber, welche Art von Erfahrungen Sie
bei der Entwicklung Ihres eigenen inneren Verhaltenskodexes verletzt
haben und woher Ihre Schuldgefühle kommen?

2. Dr. Dobson erzählt die Geschichte des 15jährigen Johannes, der
einen Kaugummi gestohlen hatte. Würden Sie jener Gruppe zustim-
men, die der Auffassung war, daß das überempfindliche Gewissen des
jungen Mannes ein Produkt frühkindlicher Erziehung sei, in der man
ihm beigebracht habe, sich für Dinge schuldig zu fühlen, über die ein
Kind normalerweise hinweggeht? Sind Sie der Meinung, daß die
Schuldgefühle von Johannes in keinem Verhältnis zu dem standen, was

er getan hat? Oder vertreten Sie eher die Ansicht der Gruppe, die sagt, daß in Wirklichkeit Gott hinter den Schuldgefühlen des jungen Mannes gestanden hat, weil Diebstahl Diebstahl ist, und weil es dabei nicht auf den Wert des entwendeten Gegenstandes ankommt? Ganz gleich, welcher Gruppe Sie sich anschließen; arbeiten Sie bitte das Positive daran heraus, daß Johannes ein Schuldbekenntnis abgelegt hat. Wird die Schuld geringer oder größer, wenn wir sie eingestehen? Vergleichen Sie dazu 1. Johannes 1, 9; Sprüche 28, 13; Jeremia 3, 12/13.

3. Wie würden Sie versuchen, jemandem zu helfen, der sich schuldig fühlt, weil er ein krankes, behindertes oder in seiner geistigen Entwicklung zurückgebliebenes Kind hat? Was würden Sie der Mutter sagen, deren Dreijährige von einem Lastzug überrollt wurde, weil sie ihrer Tochter geistesabwesend bedeutet hatte, sie könne die Straße gefahrlos überqueren? Gibt es auch Schuldgefühle, auf die es keine Antwort gibt? Warum?

4. Dr. Dobson erzählt das Beispiel des jungen Mannes Walter, der Atheist wurde. Welchen Einfluß hatten Schuldgefühle auf Walters Wandlung vom Christen zum Atheisten? Lesen Sie bitte 2. Korinther 11, 14; 1. Petrus 5, 8; 2. Thessalonicher 2, 9, und schreiben Sie auf, was Sie in diesen Stellen als Eigenschaften des Satans erkennen. Ist es naheliegend anzunehmen, daß der Satan Schuldgefühle dazu eingesetzt hat, um den Glauben von Walter zu „verschlingen"? Warum?

5. Kann man in der Bibel davon ausgehen, daß „Salonfähigkeit" für einen Christen ein Entscheidungskriterium dafür sein kann, ob etwas richtig oder falsch ist. Vergleichen Sie bitte zum Beispiel Römer 12, 1/2.

6. Was ist zuverlässiger als Ihr Gewissen, wenn Sie entscheiden sollen, was vor Gott richtig oder falsch ist? Lesen Sie bitte Psalm 119 in einer modernen Übersetzung, und notieren Sie alle Gedanken, die auf die folgende Aussage von Dr. Dobson zutreffen: „Die Maßstäbe Gottes sind ewig und können weder geändert noch neu ausgehandelt werden."

Leben mit dem Gewissen

1. Wie empfindlich reagiert Ihr Gewissen? Wenn Sie Ihr Gewissen mit einer Blume vergleichen sollten, würden Sie dann sagen, es ist a) ein Veilchen (das leicht zertreten wird), b) eine Tulpe (die Schuldgefühle blühen eine Weile, verschwinden dann aber wieder), c) eine Hekkenrose (verhärtet, Sie lassen sich nicht leicht aus der Ruhe bringen)?

2. In 1. Timotheus 3, 9 heißt es, daß die Gemeindehelfer „die Wahrheit, die Gott uns bekannt gemacht hat, mit einem guten Gewissen bewahren" sollen (Gute Nachricht). Würden Sie sagen, das bedeutet a) daß sie aufrichtig sein sollen, b) daß sie besonders geistlich gesinnt sein sollen, c) daß sie demütig sein sollen? (Vergleichen Sie bitte mit anderen Bibelübersetzungen, vor allem mit der Jerusalemer Bibel und der Übersetzung von Martin Luther.)

3. In Apostelgeschichte 23, 1 steht Paulus vor dem Hohen Rat und sagt: „Ich bin mit allem guten Gewissen gewandelt vor Gott bis auf diesen Tag." Zählen Sie bitte mindestens fünf Eigenschaften von Paulus auf, die ihm Grund zu einer solchen Aussage geben. Wie läßt sich das mit dem vereinbaren, was er in 1. Timotheus 1, 15 und in 1. Korinther 15, 9 sagt? Finden Sie in 2. Korinther 12, 9/10 einen Hinweis darauf?

4. In Römer 2, 15 und in 2. Korinther 1, 12 spricht Paulus davon, wie das Gewissen etwas bezeugen und bestätigen kann. Würden Sie sagen, daß Ihr Gewissen a) ein feindseliger Zeuge, b) ein vertrauenswürdiger Zeuge, c) ein unzuverlässiger Zeuge ist?

5. In Römer 9, 1 sagt Paulus, daß sein Gewissen vom Heiligen Geist geleitet wird und ihm die Wahrheit sagt. Vergleichen Sie bitte Römer 9, 1 mit Johannes 16, 7-14. Würden Sie auch sagen, daß das Gewissen eines Menschen mit der Zeit geschärft und empfindlicher wird? Warum?

6. Auf Seite 28 nennt Dr. Dobson drei innere Instanzen und drei Testfragen, anhand derer sich Schuldgefühle überprüfen lassen. Welche dieser drei Instanzen ist Ihrer Meinung nach die wichtigste? Welche davon kann Ihnen am meisten Schwierigkeiten bereiten, wenn Sie sich schuldig fühlen? Welche dieser drei Instanzen wird von den Christen nach Ihrem Dafürhalten im Alltag am wenigsten berücksichtigt? Was sagt zum Beispiel Philipper 4, 8 dazu?

Gewissensbildung durch die Eltern

1. Dr. Dobson schreibt: „Die richtige 'Programmierung' des Gewissens ist eine der schwierigsten Aufgaben, die wir als Eltern haben. Es gehört sehr viel Weisheit dazu, wenn wir sie gut erfüllen wollen." Vergleichen Sie bitte die Aussage von Dr. Dobson mit Sprüche 22, 6 und auch mit 5. Mose 6, 4-9, sowie Epheser 4, 6. Dann schreiben Sie bitte zu der folgenden Frage so viele Punkte auf, wie Ihnen einfallen: „Wofür bin ich als Vater/als Mutter verantwortlich?"

2. Dr. Dobson schreibt: „Wenn Eltern sagen, sie wollen ihrem Kind die Unterweisung vorenthalten und es ‚selbst entscheiden lassen‘, so garantieren sie damit praktisch, daß es eine negative ‚Entscheidung‘ treffen wird." Sind Sie ebenfalls dieser Meinung oder nicht? Welche Gründe nennt Dr. Dobson dafür, daß das Beispiel der Eltern so wichtig ist?

3. Was können Sie aufgrund der Geschichte von Eli und seinen Söhnen (1. Samuel 2-4) über die Bedeutung früher Prägungen im Leben eines Kindes sagen? Vervollständigen Sie bitte den folgenden Satz mit so vielen konkreten Gründen wie möglich: „Die Prägung des Kindes in den ersten Lebensjahren (von Geburt an) ist so wichtig, weil . . ."

4. Dr. Dobson zählt sechs Erziehungsziele auf, die in der Heiligen Schrift genannt werden. Diese sind als Leitfaden gedacht, an den sich die Eltern bei der Erziehung ihrer Kinder halten können – ganz besonders in den ersten sieben Jahren. Wie Dr. Dobson betont, handelt es sich bei diesen sechs Vorgaben und den entsprechenden Fragen um „Ziele", zu denen die Eltern ihre Kinder behutsam hinführen können, solange sie sich in dieser leicht prägbaren Phase befinden. Die pädagogische Forschung (und die praktische Erfahrung) zeigt, daß es kein wirksameres Mittel zur Erziehung gibt als das Vorbild (das Beispiel).[2]

Was für ein Vorbild geben Sie Ihren Kindern, wenn es um die sechs von Dr. Dobson genannten Ziele geht? Beurteilen Sie sich bitte anhand der folgenden Fragen und geben Sie sich Punkte von 1 (als schlechteste) bis 10 (als beste Punktzahl).

Beantworten Sie die Fragen bitte so ehrlich und so genau wie möglich. Versuchen Sie bitte auch nicht, neutral in der Mitte zu bleiben, indem Sie einfach alles mit „5" bewerten. Schätzen Sie Ihre Einstellungen und Ihr Handeln ehrlich ein und geben Sie sich eine Punktzahl, die höher oder niedriger ist als 5, je nachdem wie Sie glauben, daß Sie sich in Wirklichkeit verhalten.

ZIEL I

Du sollst Gott, deinen Herrn, lieben von ganzem Herzen
(Markus 12, 30).
Geben Sie sich eine Punktzahl zwischen 1 (niedrig) und 10 (hoch).

_____ 1. Erfährt mein Kind durch mich etwas von der Liebe, Zärtlichkeit und Vergebung Gottes?

_____ 2. Hört mein Kind von mir, wie ich über Gott spreche und wie ich Ihn immer wieder in mein Denken und Handeln mit einbeziehe?

_____ 3. Sieht mein Kind, daß ich mich mit der Bitte um Hilfe an Jesus wende, wenn ich mich fürchte, Angst habe oder beunruhigt bin?

_____ 4. Sieht mein Kind, daß ich regelmäßig die Bibel lese?

_____ 5. Sieht und hört mein Kind, daß ich täglich bete?

_____ 6. Wird mein Glaube an Gott für mein Kind dadurch greifbar, daß ich darauf vertraue, daß Er jeden Tag für mich sorgt und mich leitet?

_____ 7. Sieht mein Kind, daß ich Gott wirklich von Herzen danke und mich an Seiner Güte freue?

_____ 8. Erzähle ich meinem Kind davon, wer Jesus ist und warum Er unser Retter und unser Freund ist?

ZIEL II

Du sollst deinen Nächsten lieben wie dich selbst (Markus 12, 31). Geben Sie sich eine Punktzahl zwischen 1 (niedrig) und 10 (hoch).

_____ 1. Sieht und hört mein Kind, wie ich versuche, mich in andere Menschen hineinzuversetzen – mir klarzumachen, wie sie sich in ihrer Haut fühlen?

_____ 2. Sieht mein Kind, daß ich bei bestimmten Gelegenheiten großzügig bin? (Vor allem: Bin ich großzügig und selbstlos in der Beziehung zu meinem Kind?)

_____ 3. Sieht mein Kind, wie ich meine Zeit und meinen Besitz mit anderen teile? (Habe ich Zeit für mein Kind?)

_____ 4. Sieht mein Kind, daß ich in besonderer Weise freundlich bin?

_____ 5. Sieht mein Kind, daß ich mich so annehme, wie ich bin, und nicht versuche, jemand anders zu sein? (Bin ich echt und klar?)

ZIEL III

Lehre mich tun nach deinem Wohlgefallen, denn du bist mein Gott (Psalm 143, 10).

Geben Sie sich eine Punktzahl zwischen 1 (niedrig) und 10 (hoch).

_____ 1. Sieht mein Kind, daß ich mich Autoritäten – besonders Gott – unterordne?

_____ 2. Bete ich Gott im Geist und in der Wahrheit an – flüstere und rede ich nicht im Gottesdienst, sondern bin ich aufmerksam und feiere ich mit? (Nehme ich mein Kind zu kürzeren Besuchen in der Kirche mit, zum Beispiel zu einem Gebetsgottesdienst, anstatt von ihm zu verlangen, daß es lange Zeit still sitzt?)

_____ 3. Hört mein Kind, daß ich von der Liebe Gottes ebenso wie von seiner Gerechtigkeit spreche?

_____ 4. Sieht und hört mein Kind, daß ich eine positive Einstellung zum Gehorsam gegenüber Autoritäten habe, wie zum Beispiel gegenüber der Polizei, dem Arbeitgeber, dem Pfarrer und anderen?

_____ 5. Hört mein Kind von mir, daß ich Gott ganz konkret um die Vergebung meiner Sünden bitte?

ZIEL IV

Fürchte Gott und halte alle seine Gebote; denn das gilt für alle Menschen (Prediger 12, 13).

Geben Sie sich eine Punktzahl zwischen 1 (niedrig) und 10 (hoch).

_____ 1. Bin ich in der Beziehung zu meinem Kind und zu anderen Menschen offen und ehrlich?

_____ 2. Sieht mein Kind, daß ich meinen Sonntag so plane, daß ich ihn zur Ehre Gottes lebe?

_____ 3. Spürt mein Kind, daß ich glaube, daß Menschen wichtiger sind als Dinge, und daß „Sein" wichtiger ist als „Haben"?

_____ 4. Zeige ich meinem Kind, daß mir unsere Familie wichtig ist, indem wir Zeit miteinander verbringen, uns gegenseitig liebhaben und einer dem anderen beisteht?

ZIEL V

Der Geist Gottes dagegen läßt eine Fülle von Gutem wachsen: Selbstbeherrschung (Galater 5, 22/23; Gute Nachricht).

Geben Sie sich eine Punktzahl zwischen 1 (niedrig) und 10 (hoch).

_____ 1. Sieht mein Kind, daß ich einen angemessenen Anteil meines Einkommens (mindestens den Zehnten) Gott gebe?

_____ 2. Sieht mein Kind, daß ich mich beherrschen kann? Habe ich mich zum Beispiel in der Hand, wenn ich enttäuscht werde?

_____ 3. Sieht mein Kind, daß ich in meiner Einstellung und Haltung gegenüber meiner Arbeit und meiner Verantwortung Selbstdisziplin übe?

_____ 4. Wenn ich einmal wütend werde, ist es dann ein kurzer Ärger, der bald wieder vorbei ist, oder jammere und lamentiere ich, so daß ich alle um mich herum damit belaste?

_____ 5. Sieht und hört mein Kind, daß die Heilige Schrift für mich im Alltag eine Rolle spielt – indem ich mich danach richte, sie zitiere, indem sie mir wichtig ist und ich Sinn darin finde?

ZIEL VI

Wer sich selbst erniedrigt, der soll erhöht werden (Lukas 14, 11).

Geben Sie sich eine Punktzahl zwischen 1 (niedrig) und 10 (hoch).

_____ 1. Sieht und hört mein Kind, daß ich anderen Menschen Dank entgegenbringe – den anderen Familienmitgliedern, Freunden und Bekannten? Danke ich Gott?

_____ 2. Hört mein Kind, daß ich Gott immer wieder für all das Gute, das Er uns schenkt, danke?

_____ 3. Praktiziere ich vor meinem Kind die Vergebung für andere? (Vergebe ich meinem Kind bereitwillig?)

_____ 4. Erkennt mein Kind in mir einen Menschen, der Vertrauen hat, aber nicht eingebildet ist?

_____ 5. Habe ich eine echte Ehrfurcht vor Gott, und sieht mein Kind, daß ich Ihn fürchte?

Wie haben Sie abgeschnitten?

Wie Dr. Dobson betont, wird man als Vater oder als Mutter schnell schuldig. Die meisten Eltern werden sich bei einem persönlichen Fragebogen wohl eher zu schlecht einschätzen. Gehen Sie die Fragen noch einmal durch. Vielleicht gibt es Stellen, wo Sie etwas ändern und sich doch eine höhere Punktzahl geben werden.

Es wird selbstverständlich auch Bereiche geben, wo Sie merken werden, daß Sie etwas besser machen könnten. Arbeiten Sie an sich, und bedenken Sie, daß Sie Ihrem Kind ein um so besseres Beispiel zum Lernen und Nachahmen sein werden, je mehr Sie sich von Gott führen und leiten lassen.

Anmerkungen

[1] Dobson, James, *Unsere Kinder sind unmöglich*, Editions Trobisch, Kehl, 1982, Seite 165, 166.

[2] Das Vorbild (Beispiel), das die Eltern ihren Kindern geben, spielt für die Erziehung eine entscheidende Rolle.

TEIL II
Romantische Liebe

- Wie kann das Gefühl „Liebe" zu einer gefährlichen Falle werden?
- Warum sind so viele Ehepaare schon bald nach den Flitterwochen enttäuscht?
- Gibt es überhaupt die „Liebe auf den ersten Blick"?
- Wählt Gott einen bestimmten Menschen aus, den wir heiraten sollen und mit dem Er uns zusammenführt?
- Was kann man tun, damit die Liebe lebendig bleibt?

ROMANTISCHE LIEBE: STEINE ODER BROT?

Es macht mich betroffen, daß so viele junge Menschen mit einer falschen Vorstellung von Liebe aufwachsen. Sie werden dazu erzogen, das, was Liebe eigentlich ist, mit Verliebtheit gleichzusetzen und die Ehe zu etwas hochzustilisieren, das sie niemals sein kann. Um dieser Situation entgegenzutreten, habe ich ein Quiz entwickelt, bei dem man nur zu entscheiden braucht, ob eine bestimmte Aussage richtig oder falsch ist. Eigentlich war dieses Quiz für die Schule gedacht. Es stellte sich jedoch heraus, daß die Erwachsenen dabei keine wesentlich höheren Punktzahlen erreichten als ihre Kinder im Teenageralter.

Vielleicht möchten Sie anhand dieses Fragespiels auch einmal Ihre Auffassung von Verliebtheit, Liebe und Ehe testen. Dem Quiz folgt eine Erörterung der jeweils richtigen und falschen Antwort, damit Sie für sich selbst herausfinden können, was Liebe eigentlich ist und was nicht.

WAS DENKEN SIE ÜBER DIE LIEBE?

Kreuzen Sie bitte die entsprechende Spalte an:

		Ja	Nein
Punkt 1:	Bei manchen Menschen gibt es die „Liebe auf den ersten Blick".	☐	☐
Punkt 2:	Eine Liebe und Verliebtheit lassen sich leicht voneinander unterscheiden.	☐	☐
Punkt 3:	Menschen, die sich lieben, werden sich niemals gegenseitig angreifen oder miteinander streiten.	☐	☐
Punkt 4:	Gott wählt für jeden von uns *einen* bestimmten Menschen aus, den wir heiraten sollen und mit dem Er uns zusammenführt.	☐	☐
Punkt 5:	Wenn ein Mann und eine Frau sich wirklich lieben, werden Probleme und Schwierigkeiten ihre Beziehung wenig oder überhaupt nicht belasten.	☐	☐
Punkt 6:	Es ist besser, den falschen Partner zu heiraten, als sein ganzes Leben lang allein und einsam zu bleiben.	☐	☐
Punkt 7:	Es ist nicht schädlich, wenn man vor der Ehe Geschlechtsverkehr hat, sofern dem Paar die Beziehung zueinander etwas bedeutet.	☐	☐
Punkt 8:	Wenn zwei Menschen sich wirklich lieben, so ist diese Liebe von Dauer. Sie hält ein ganzes Leben lang.	☐	☐
Punkt 9:	Eine kurze Zeit der Freundschaft (ein halbes Jahr oder weniger) ist am besten.	☐	☐
Punkt 10:	Jugendliche sind zu echter Liebe eher fähig als ältere Menschen.	☐	☐

JUNGER MANN BEGEGNET JUNGER FRAU: GRÜNES LICHT FÜR DIE LIEBE!

Obwohl man bezüglich der Antworten auf die Quizfragen verschiedener Meinung sein kann, bin ich doch sehr von dem überzeugt, was ich jeweils für die richtige Antwort halte. Ich glaube, viele der festgefahrenen Situationen in der Ehe entstehen aus einem Mißverständnis in diesen zehn Punkten.

Versuchen wir uns einmal ein verliebtes junges Paar vorzustellen, das wenig davon versteht, was Liebe eigentlich ist.

Das Verwirrspiel beginnt, wenn ein junger Mann einer jungen Frau begegnet und sich der ganze Himmel romantisch verklärt. Rauch und Feuer folgen auf Blitz und Donner und dann, ja dann sind da zwei junge Menschen mit zitternder Stimme und bis über beide Ohren verliebt. In großen Mengen wird Adrenalin in die Herzkranzgefäße gepumpt; jeder Nerv steht unter einer Spannung von 220 Volt. Dann rasen zwei kleine Boten durch das jeweils entsprechende zentrale Nervensystem und melden jedem der verwirrten Köpfe: „Das ist ‚Sie‘, bzw. ‚Er‘! Das lange Warten ist vorbei! Ich habe ‚meine Traumfrau‘, meinen Traummann‘ gefunden!"

Für unsere verliebten jungen Leute ist es einfach zu wunderbar, als daß sie es fassen könnten. Sie möchten 24 Stunden am Tag zusammen sein – im Regen spazierengehen, am Feuer sitzen und sich küssen, schmusen und zärtlich miteinander sein. Es raubt ihnen den Atem, wenn sie nur aneinander denken. Und so dauert es nicht lange, bis vom Heiraten die Rede ist. Der Termin wird festgelegt und die Kirche ausgesucht. Man spricht mit dem Pfarrer und bestellt die Blumen.

Der große Tag kommt heran, trotz der Tränen der Mama und der Skepsis von Papa, trotz der eifersüchtigen Ehrenjungfrauen und der aufgeregten kleinen Mädchen, die die Blumen streuen dürfen. Die Kerzen werden angezündet, und die Schwester der Braut verpatzt zwei schöne Lieder. Dann legt man das Treueversprechen ab und steckt sich die Ringe an die zitternden Finger. Der Pfarrer gibt den Neuvermählten den Segen. Dann eilt man aus der Kirche. Das frischgebackene Paar lächelt überglücklich, und es wird gefeiert.

Die Freunde und Gäste umarmen und küssen die Braut, zwinkern dem jungen Ehemann zu, verspeisen die riesige Hochzeitstorte und befolgen willig die Anordnungen des in Schweiß gebadeten Fotografen. Und dann geht das junge Paar auf Hochzeitsreise. Bis dahin bleibt der schöne Traum lebendig, aber er ist nur ein Geschenk auf Zeit.

Die erste Nacht im Hotel ist weniger aufregend als erwartet, ja sie wird zu einer lächerlichen Katastrophe. Die junge Frau ist erschöpft und verkrampft, und er ist selbstbezogen und unfrei. Von Anfang an wird die sexuelle Beziehung mit der bedrohlichen Möglichkeit des Versagens verknüpft. Die Erwartungen, die man an die Hochzeitsnacht gestellt hatte, führen zu Enttäuschung, Frustration und Angst. Da die meisten Menschen ein fast neurotisches Verlangen haben, sich sexuell vollwertig zu fühlen, neigt jeder dazu, dem anderen die Schuld für seine Probleme mit dem Orgasmus zuzuschieben. So wird die Beziehung schließlich durch Wut und Enttäuschung belastet.

Am Nachmittag des zweiten Tages, als es ungefähr drei Uhr ist, verwendet der junge Mann zehn Minuten Zeit darauf, um über die schicksalsschwere Frage nachzudenken: „Habe ich da nicht einen riesigen Fehler gemacht?" Sein Schweigen vergrößert nur ihre Ängste, und die Saat der Ernüchterung ist gesät. Jeder von beiden hat viel zuviel Zeit, um über die Folgen dieser neuen Beziehung nachzudenken, und jeder hat das Gefühl, hereingelegt worden zu sein.

Bei der ersten Auseinandersetzung geht es eigentlich um eine dumme Sache. Man streitet sich darüber, wie teuer das Abendessen am dritten Tag der Hochzeitsreise sein soll. Sie möchte „irgendwohin, wo es romantisch ist", weil die Stimmung besser werden soll. Er dagegen ginge lieber zu McDonald. Der Streit flackert nur kurz auf, und man entschuldigt sich. Aber es sind harte Worte gefallen, die den schönen Traum an einer empfindlichen Stelle getroffen haben. Bald wird unser junges Paar lernen, wie man sich gegenseitig noch viel tiefer verletzen kann.

Irgendwie geht auch die 6-Tage-Hochzeitsreise zu Ende, und man fährt nach Hause, um den gemeinsamen Haushalt einzurichten. Die Traumwelt bekommt schließlich Risse und beginnt sich vor den Augen der jungen Leute in Nichts aufzulösen. Der nächste Streit wird heftiger und schlimmer als der erste. Er verläßt für zwei Stunden das Haus, und sie ruft ihre Mutter an.

Im ersten Jahr ihrer Ehe wird der Wille des einen immer mit dem des anderen zusammenstoßen. Jeder möchte die Macht haben und bestimmen. Mitten in diesem Kleinkrieg taumelt sie aus der Praxis des Frauenarztes; es klingt ihr noch in den Ohren, wie er sagt: „Ich habe eine gute Nachricht für Sie, Frau Schulz!" Was Frau Schulz zu diesem Zeitpunkt am allerwenigsten brauchen kann, ist eine „gute Nachricht" vom Frauenarzt.

Von diesem Zeitpunkt an bis zum letzten Konflikt begegnen wir zwei jungen Menschen, die enttäuscht, verwirrt und zutiefst verletzt sind und die sich fragen, wie es so weit kommen konnte. Wir sehen auch einen kleinen Kerl vor uns, der hin- und hergerissen ist und wohl niemals erfahren wird, was es bedeutet, in der Geborgenheit einer Familie aufzuwachsen. Er wird von seiner Mutter erzogen werden und sich immer fragen: „Warum ist der Papi nicht mehr da?"

Das Bild, das ich gezeichnet habe, spiegelt ganz offensichtlich nicht alle jungen Ehen wider, aber es ist doch für viel zuviele von ihnen charakteristisch. Die Scheidungsrate ist in Amerika höher als in irgendeinem anderen Land der zivilisierten Welt, und sie steigt weiter. Was ist nun im Fall unseres enttäuschten jungen Paares mit dem romantischen Traum geschehen? Wie konnte diese Beziehung, bei der am Anfang so viel Begeisterung stand, so schnell in Feindseligkeit und Haß umschlagen? Am Anfang hätte man nicht mehr ineinander verliebt sein können. Aber dann mußte das Paar bestürzt mit ansehen, wie sein „Glück" zerbrach. Warum war es nicht von Dauer? Wie können andere verhindern, daß sie die gleiche unliebsame Überraschung erleben?

Wir müssen uns zunächst einmal darüber klar werden, was romantische Liebe eigentlich ist. Vielleicht kommen wir durch die Antworten auf unsere Quizfragen diesem Ziel näher.

WAS VON DER LIEBE GEGLAUBT WIRD

Punkt 1: *Bei manchen Menschen gibt es die „Liebe auf den ersten Blick", ja oder nein?*

Obwohl manche meiner Leser anderer Meinung sein werden: Liebe auf den ersten Blick ist physisch und emotional unmöglich. Warum? Weil Liebe nicht einfach nur das Gefühl romantischer Erregung ist. Sie ist mehr als ein starkes Sich-von-jemand-angezogen-Fühlen. Sie geht weit über das berauschende Gefühl hinaus, ein höchst wünschenswertes Ziel in einer sozialen Beziehung „gepackt" zu haben. So sehen nämlich die Gefühle aus, die beim „ersten Blick" aufkommen, *aber das ist noch keine Liebe.* Ich wünschte, die ganze Welt wüßte, daß es so ist. Diese vorübergehenden Gefühle unterscheiden sich von wirklicher Liebe insofern, als sich das Augenmerk zunächst nur auf den richtet, der sie emp-findet: „Was ist mit *mir?* Das ist das Großartigste, das *ich* je erlebt habe. *Ich* glaube, *ich* bin verliebt!"

Sie sehen: diese Gefühle sind selbstsüchtig, und zwar in dem Sinne, daß es dabei um uns selbst geht. Sie haben wenig mit dem neuen Schwarm zu tun. Man hat sich nicht in die Person des anderen verliebt, sondern man ist *verliebt in die Liebe!* Zwischen beidem besteht ein himmelweiter Unterschied.

Die Schlager aus der Welt der Teenager zeigen eine große Unkennt-nis dessen, was Liebe ist. Ein unsterbliches Lied weiß zu berichten: „Bevor der Tanz vorbei war, wußte ich, ich bin verliebt in Dich." Ich frage mich, ob sich unser sentimentaler Schlagersänger da morgen früh auch noch so sicher sein wird. Ein anderer bekennt: „Ich wußte nicht, was tun, da flüsterte ich: ‚Ich liebe Dich'." So etwas bringt mich auf die Palme! Bei der Vorstellung, daß jemand versuchen könnte, eine das ganze Leben dauernde Beziehung auf bloße Verwirrung aufzubauen, wird einem bestenfalls leicht unbehaglich.

Die Partridge Familie hat eine Plattenaufnahme von einem Lied ge-macht, das ebenfalls ein falsches Verständnis von Liebe verrät. Darin heißt es: „Ich bin verliebt heut' aufgewacht, denn als ich einschlief, hab' ich nur an Dich gedacht." In diesem Sinne ist die Liebe, wie Sie sehen, nicht mehr als eine Gemütsverfassung – und wird entsprechend lange halten. Der „Grand Prix" des Jahrhunderts für das Lied, aus dem der größte Unverstand spricht, gebührt jedoch der Rock Gruppe „The Doors". Sie sang in den 60 Jahren: „Hey, Du, ich liebe Dich! Sag' mir doch bitte, wie Du heißt!"

Wußten Sie übrigens schon, daß die Vorstellung einer auf romanti-schen Gefühlen begründeten Ehe eine der neueren Entwicklungen der Menschheitsgeschichte ist? Bis 1200 nach Christus wurde die Ehe auf-grund von Vereinbarungen zwischen der Familie des Bräutigams und der Braut geschlossen, und niemand wäre damals auf die Idee gekom-men, daß sie ineinander hätten „verliebt" sein sollen. Allgemein ver-breitet wurde die Vorstellung von romantischer Liebe dann durch Wil-liam Shakespeare. Manchmal wünschte ich mir, der gute alte Englän-der wäre hier und könnte uns helfen, wieder Ordnung in den Unfug zu bringen, den er angerichtet hat.

Die wahre Liebe ist entgegen andersgearteten und weitverbreiteten Vorstellungen Ausdruck des tiefen Ja zu einem anderen Menschen. Sie besteht in einem klaren Wissen um die Nöte und Sehnsüchte dieses

Menschen in der Vergangenheit, Gegenwart und Zukunft. Wirkliche Liebe ist selbstlos. Sie beschenkt den anderen und umsorgt ihn. Das sind gewiß nun alles keine Dinge, in die man „hineinrutscht" wie in eine Grube.

Ich empfinde für meine Frau eine Liebe, die ein ganzes Leben lang halten wird. Aber dahin kommt man nicht von einem Augenblick auf den anderen. Ich bin in diese Liebe *hineingewachsen.* Ein solcher Prozeß braucht Zeit. Ich mußte meine Frau erst einmal kennenlernen, bevor ich den Tiefgang und die Beständigkeit ihres Wesens schätzenlernen konnte. Die Vertrautheit, aus der die Liebe erblüht ist, hätte einfach nicht aus einem „entzückenden Abend, bei dem man sich nur von ferne sah" erwachsen können. Man kann nicht jemanden lieben, den man nicht kennt, so attraktiv, so sexy oder so heiratswillig er sein mag!

Punkt 2: Echte Liebe und Verliebtheit lassen sich leicht voneinander unterscheiden, ja oder nein?

Wieder lautet die Antwort „nein". Der wilde Wirbel, der am Anfang eines romantischen Abenteuers steht, hat alle Kennzeichen eines beginnenden gemeinsamen Lebensweges. Versuchen Sie nur einmal einem 16jährigen Träumer mit starrem Blick klarzumachen, daß er nicht wirklich liebt, sondern eigentlich nur verliebt ist. Er wird seine Gitarre zücken und Ihnen ein Lied vorsingen: „Junge Liiebe, wahre Liiebe. Voll von wahrem Gefüühl!" Er weiß, was er fühlt, und er fühlt groß. Er sollte den Taumel genießen, solange er anhält, denn er geht unausweichlich zu Ende.

Ich muß folgendes mit größter Deutlichkeit betonen: Die Faszination der Verliebtheit ist *niemals* von Dauer, Punkt! Wenn Sie meinen, Jahr für Jahr auf der Höhe des Gipfels bleiben zu können, ist Ihnen eine böse Enttäuschung gewiß. Gefühle schwingen in einem zyklischen Rhythmus nach oben und nach unten. Da romantische Verliebtheit ein Gefühl ist, wird sie mit Sicherheit nach oben und nach unten ausschwingen. Wenn die Erregung der Begegnung mit dem anderen Geschlecht mit wahrer Liebe gleichgesetzt wird, so stehen Desillusionierung und Enttäuschung bereits vor der Tür.

Wie viele empfindsame junge Menschen werden wohl beim ersten Rendezvous „verliebt in die Liebe" sein – und sich in die Ehe einschließen, bevor sie auch nur das erste natürliche Tief ihrer Gefühle erlebt haben? Dann wachen sie eines Morgens auf, ohne dieses große Gefühl zu haben, und kommen zu dem Schluß, daß es mit der Liebe aus sei. In Wirklichkeit hat es sie im eigentlichen Sinne nie gegeben. Man ist der Täuschung eines gefühlsmäßigen „Hochs" erlegen.

In einem Vortrag vor hundert jungen Ehepaaren habe ich einmal versucht, dieses Auf und Ab unseres Gefühlslebens zu erklären. Bei dem anschließenden Gespräch wurde ein junger Mann gefragt, warum er so früh geheiratet habe. Er antwortete: „Weil ich von diesem Auf und Ab da nichts gewußt habe, bis es zu spät war." Ja, das stimmt. Dieses Auf und Ab hat schon so manchen jungen Romantiker zu Fall gebracht.

Dieses Auf und Ab wird von den Lebensumständen nach unten oder nach oben verschoben. Selbst wenn ein Mann und eine Frau sich wirklich und tief lieben, kann es vorkommen, daß sie sich einmal emotional zu jemand anderem hingezogen fühlen! Es wird deutlich: ihre Liebe hängt nicht von gefühlsmäßigen Höhen oder Tiefen ab, sondern sie beruht auf einer *Verpflichtung des Willens!* Die Beständigkeit der Beziehung erwächst aus dem unerschütterlichen Entschluß, aus dieser Ehe etwas zu machen und ungeachtet der Umstände dafür zu sorgen, daß die Liebe lebendig bleibt. Leider wird die von Gott inspirierte Vorstellung von einer Ehe auf Lebenszeit in unserer Gesellschaft nicht allgemein geteilt. Die bekannte Anthropologin Dr. Margaret Mead hat jungen Menschen das Zusammenleben auf Probe empfohlen. Man verkündet uns, wir hätten Partnerwechsel, die Ehe ohne Trauschein und die „Schrägstrichehe" zu akzeptieren. Auch in unseren Schlagern wird unser zielloses Suchen nach immer neuen austauschbaren Beziehungen zu Frauen und Männern deutlich.

Eine Vorstellung, die in diese Richtung geht, besteht darin, daß eine romantische Liebesbeziehung nur dann überleben könne, wenn man *keine* dauerhafte Bindung eingeht. Der Sänger Glen Campbell hat diesen Gedanken in seinem weithin bekannten Lied „Was ich in Schwachheit fühle" vertont. In lyrischer Umschreibung sagt er, nicht die mit fleckiger Tinte unter irgendein Ehedokument geleistete Unterschrift sei der Grund dafür, daß sein Bettzeug hinter der Couch in der Wohnung seiner Freundin verstaut sei. Vielmehr läge das daran, daß er wisse, daß, wenn er wollte, er aufstehen und sie jederzeit verlassen könnte, denn sie habe nichts, womit sie ihn festhalten könne. Was (er) „zärtlich fühle", meint er, beruhe auf der Freiheit, sich jederzeit von seiner Freundin trennen zu können.

Was für eine lächerliche Vorstellung ist es doch zu meinen, es gäbe eine Frau, die den Geliebten kommen und gehen lassen kann, ohne daß sie das Gefühl der Leere, des Zurückgestoßenwerdens und der Verlassenheit empfindet! Hier wird nicht erkannt, daß die Liebe (und die Sexualität) die Kraft hat, zwei Menschen zu „einem Fleisch" werden zu lassen, und daß es unausweichlich sehr weh tun muß, wenn man dieses Fleisch auseinanderreißt.

Und selbstverständlich schweigt sich der gute Herr Campbell in seinem Lied über die Kinder aus, die aus einer solchen Beziehung heraus geboren werden. Sie fragen sich dann, ob der Papa morgen früh noch da sein wird und ob er der Mama helfen wird, die Rechnungen zu bezahlen, oder ob er bis dahin irgendwo an den Bahngleisen zu sitzen, aus einer Blechtasse Kaffee zu nippen und den Gedanken aus seinem Hinterstübchen nachzuhängen gedenkt. Sehen Sie nicht auch diese kleine Frau im Geiste vor sich, wie sie mit den Kindern unter der Haustür steht, ihm mit einem Taschentuch nachwinkt und noch zuruft: „Bis bald, Liebling! Schau 'mal wieder 'rein, wenn Du vorbeikommst."

Aber kommen wir zu unserer Frage zurück: Wenn wirkliche Liebe in einer willentlich begründeten Bindung besteht, woran läßt sie sich dann erkennen? Worin unterscheidet sie sich von vorübergehender Verliebtheit? Wie sind die damit verbundenen Gefühle zu bewerten, wenn sie unzuverlässig und wechselhaft sind?

Auf diese Fragen gibt es nur eine Antwort: *Man braucht Zeit!* Der beste Rat, den ich Menschen geben kann, die daran denken zu heiraten (oder irgendeine andere wichtige Entscheidung zu fällen), lautet folgendermaßen: Treffen Sie wichtige, Ihr Leben verändernde Entscheidungen niemals unter Zeitdruck oder impulsiv! Wenn Sie im Zweifel sind, nehmen Sie sich Zeit. Diesen Vorschlag sollten wir alle beherzigen.

Punkt 3: Menschen, die sich lieben, werden sich niemals gegenseitig angreifen oder miteinander streiten, ja oder nein?

Ich bezweifle, ob es nötig ist, diese Frage überhaupt zu beantworten. Manche Konflikte in der Ehe sind so sicher wie das Amen in der Kirche – auch wenn sich die Eheleute noch so sehr lieben. Es besteht jedoch ein Unterschied zwischen einem gesunden und einem ungesunden Streit, und zwar je nachdem, wie man mit dem Konflikt umgeht. In einer Ehe, die nicht stabil ist, richtet sich die Aggression direkt auf den

Partner. Feindselige, auf die Person des anderen zielende Angriffe treffen sein Selbstwertgefühl in seinem Lebensnerv und rufen eine heftige innere Abwehrreaktion hervor:

„Du machst aber auch immer alles falsch!"

„Wie ich nur auf die Idee kommen konnte, Dich zu heiraten!"

„Wie kannst Du bloß so dumm (oder so unvernünftig oder so ungerecht) sein!"

„Du wirst Deiner Mutter auch immer ähnlicher!"

Der andere, der sich verletzt fühlt, reagiert oft in der gleichen Art und Weise. Er gibt jede böse und haßerfüllte Bemerkung, so gut er kann, zurück und unterstreicht alles mit Tränen und Flüchen. Eindeutiges Ziel solcher Auseinandersetzungen in der Ehe ist es, den anderen zu verletzen, und das gelingt! Die Worte, die wie Messerstiche wirken, werden nicht vergessen, auch wenn sie in einem Augenblick der Erregung gefallen und eigentlich nicht so gemeint sind. Streitereien dieser Art sind nicht nur ungesund, sie sind teuflisch und zerstörerisch. Sie untergraben die Beziehung zwischen den Eheleuten und können zur Zerrüttung führen.

Ein gesunder Streit bleibt dagegen auf die Sache beschränkt, an der er sich entzündet hat. Auf die Sache gerichtete Aussagen, bei denen man per „Ich" spricht, zeigen dem anderen, daß es um eine Sache geht und nicht in erster Linie darum, ihn anzugreifen:

„Ich habe Angst, daß wir die vielen Rechnungen nicht bezahlen können."

„Ich mache mir Sorgen, wenn ich nicht weiß, ob Du zum Abendessen später nach Hause kommst."

„Was Du gestern auf der Party gesagt hast, war mir sehr unangenehm. Ich kam mir dumm vor."

In jedem Bereich, in dem Auseinandersetzungen möglich sind, kann die Atmosphäre emotional geladen und gespannt sein. Aber sie werden den anderen sehr viel weniger verletzen, wenn jeder sich auf den Grund der Auseinandersetzung konzentriert und wenn man versucht, gemeinsam eine Lösung zu finden. In einer gesunden Ehe kann man Probleme mit Hilfe von Gespräch und Kompromiß überwinden. Man wird auch dann nicht verhindern können, daß man sich gegenseitig weh tut, aber beide werden am nächsten Morgen weniger Scherben zusammenzukehren haben.

Die Fähigkeit, in der rechten Art und Weise miteinander zu streiten, gehört vielleicht zu den wichtigsten Dingen, die ein junges Paar zu lernen hat. Wer niemals die entsprechenden Fähigkeiten entwickelt, hat normalerweise zwei Möglichkeiten: 1) Er kann Wut und Ärger in sich hineinfressen. Sie werden sich in seinem Inneren anstauen und dort eiternde Wunden hinterlassen, die immer wieder aufbrechen. Oder er kann 2) explodieren und den anderen in seiner Person angreifen. Bei den Ehen, die vor den Scheidungsrichter kommen, ist beides zur Genüge vertreten.

Punkt 4: Gott wählt für jeden von uns einen bestimmten Menschen aus, den wir heiraten sollen und mit dem Er uns zusammenführt, ja oder nein?

Ein junger Mann kam zu mir. Er bat mich um Rat. Einmal, so erzählte er, sei er mitten in der Nacht aufgewacht und habe den klaren Gedanken gehabt, er solle eine bestimmte junge Frau heiraten. Er hatte sich zuvor nur ein paarmal mit ihr getroffen. Sie waren damals nicht einmal miteinander befreundet und kannten sich kaum. Am nächsten Morgen rief er sie an und erzählte ihr, was ganz offensichtlich Gott ihm in der Nacht klargemacht hatte. Die junge Frau wollte nicht mit Gott streiten und willigte ein. Inzwischen waren sie seit sieben Jahren miteinander verheiratet und hatten vom Tag der Hochzeit an um den Bestand ihrer Ehe zu kämpfen!

Wer glaubt, Gott garantiere jedem Christen eine gute Ehe, der wird einen Schock erleben. Das soll nun nicht heißen, daß es Gott gleich wäre, wen wir als Ehepartner wählen, oder daß er auf die Bitte um Führung in einer so entscheidenden Frage nicht antworten würde. Zweifelsohne sollten wir in dieser schwierigen Angelegenheit nach Seinem Willen fragen. Ich habe Ihn wiederholt um Rat gebeten, bevor ich meiner Frau einen Heiratsantrag machte. Dennoch glaube ich nicht, daß Gott einen automatischen „Partnersuchdienst" für alle eingerichtet hat, die Ihn anbeten. Er hat uns mit Urteilsvermögen, gesundem Menschenverstand und der Fähigkeit, mündige Entscheidungen zu fällen, ausgestattet, und Er erwartet von uns, daß wir diese Dinge auch einsetzen, wenn es um die Ehe geht. Wer etwas anderes meint, wird die Ehe leichtfertig in dem Glauben eingehen: „Gott hätte es schon verhindert, wenn Er nicht damit einverstanden gewesen wäre." Zu Menschen mit solcher Vertrauensseligkeit kann ich nur sagen: „Na, dann viel Glück!"

Punkt 5: Wenn ein Mann und eine Frau sich wirklich lieben, werden Probleme und Schwierigkeiten ihre Beziehung wenig oder überhaupt nicht belasten, ja oder nein?

Ein anderes weitverbreitetes Mißverständnis bezüglich dessen, was „wahre Liebe" bedeutet, besteht darin, daß sie den Stürmen des Lebens auf jeden Fall mindestens ebenso fest gegenüberstehen müsse, wie der Felsen von Gibraltar dem Meer. Offenbar meinen manche Leute, die Liebe sei dazu angetan, alles zu besiegen. Die Beatles haben diese Vorstellung mit ihrem Lied: „All we need is love, love, love is all we need" genährt. Leider brauchen wir aber noch etwas darüber hinaus.

Wie ich bereits erwähnt habe, bin ich in der Abteilung für Medizinische Genetik des Kinderkrankenhauses in Los Angeles tätig. Das ganze Jahr über haben wir mit genetisch und stoffwechselbedingten Krankheiten zu tun, die bei unseren kleinen Patienten zu einem Zurückbleiben in ihrer geistigen Entwicklung führen. Die seelischen Konflikte, die eine solche Diagnose in den betroffenen Familien heraufbeschwört, sind manchmal schrecklich. Selbst in stabilen Ehen, in denen die Partner sich lieben, treiben Schuldgefühle und Enttäuschung darüber, daß sie ein behindertes Kind gezeugt haben, oft einen Keil der Isolation zwischen die verzweifelten Eltern. In ähnlicher Weise kann das Band der Liebe durch finanzielle Not, Krankheit, berufliche Rückschläge oder lange Zeiten der Trennung geschwächt werden. In aller Kürze müssen wir also feststellen, daß die Liebe durch die Erfahrung von Schmerz und seelischen Erschütterungen verwundbar ist. Oft gerät sie ins Wanken, wenn sie in ihrem Lebensnerv angegriffen wird.

Punkt 6: Es ist besser, den falschen Partner zu heiraten, als sein ganzes Leben lang einsam und allein zu bleiben, ja oder nein?

Wieder lautet die Antwort: nein. Es ist meistens weniger schmerzlich, einen Ausweg aus der Einsamkeit zu suchen, als sich in einer zerrütteten Ehe ständig gegenseitig fertigzumachen. Dennoch verleitet die bedrohliche Aussicht, vielleicht eine „alte Jungfer" zu werden (ein Ausdruck, den ich scheußlich finde), viele junge Frauen dazu, auf den ersten Zug aufzuspringen, der in Richtung Ehe abfährt. Allzu oft geht es dann in einer Einbahnstraße in die Katastrophe.

Die Angst, keinen Lebenspartner zu finden, kann einen Menschen, der alleinsteht, dazu verführen, wider besseres Wissen bezüglich seiner

Maßstäbe, Kompromisse einzugehen. Besonders eine junge Frau könnte sich folgendes überlegen: „Klaus ist zwar kein Christ, aber vielleicht habe ich größeren Einfluß auf ihn, wenn wir erst einmal verheiratet sind. Er trinkt zu viel. Aber das könnte auch daran liegen, daß er noch so jung ist und keine Verantwortung zu tragen hat. Wir haben auch nicht viel Gemeinsames. Aber mit der Zeit werden wir bestimmt lernen, uns zu lieben. Und außerdem: Was könnte es Schlimmeres geben, als allein zu bleiben?"

Derartige Überlegungen beruhen auf der verzweifelten Hoffnung auf ein Ehewunder, aber ein Happy-End wie im Märchen kommt im täglichen Leben selten vor. Wer sich trotz unübersehbarer Warnsignale in die Ehe stürzt, spielt mit den ihm verbleibenden Jahren seines irdischen Daseins.

Den Lesern, die ledig sind, möchte ich sagen: Bitte, glauben Sie mir, daß eine unglückliche Ehe zum Schlimmsten gehört, was man auf dieser Welt erleben kann! Man erfährt nur Ablehnung, Verzweiflung, Tränen und Haß. Es gibt viele schlaflose Nächte, und die Leidtragenden sind die Kinder. Ein Leben als Alleinstehender kann mit Sicherheit ein sinnerfülltes und erfüllendes Leben sein; zumindest aber wird man nicht unter der Last eines „Hauses, das in sich selbst uneins ist" zu leiden haben.

Punkt 7: Es ist nicht schädlich, wenn man vor der Ehe Geschlechtsverkehr hat, sofern dem Paar die Beziehung etwas bedeutet. Ja oder nein?

Dieser Punkt stellt das allergefährlichste der weitverbreiteten Mißverständnisse über die romantische Liebe dar. Es bedeutet nicht nur eine Gefahr für den Einzelnen, sondern auch für die Zukunft unserer Gesellschaft. In den letzten 15 Jahren haben wir den tragischen Zerfall der Sitten im Umgang der Geschlechter miteinander erlebt. Wir konnten beobachten, wie die traditionellen Moralvorstellungen zerbrachen. Als Reaktion auf den ständigen Angriff der Unterhaltungsindustrie und der Medien haben die Menschen bei uns zu glauben begonnen, vorehelicher Geschlechtsverkehr sei eine erstrebenswerte Erfahrung, Homosexualität sei akzeptabel, und Bisexualität sei noch besser. Diese Ansichten, die als „neue Moral" bezeichnet werden, sind ein Zeichen für die Unwissenheit unserer Zeit, wenn es um die Beziehung der Geschlechter zueinander geht. Dennoch denken viele unserer Bürger so und leben entsprechend.

Wie ich in Teil I bereits erwähnt habe, hat eine neuere Untersuchung unter Studenten in den USA ergeben, daß 25 Prozent von ihnen seit mindestens drei Monaten mit einem Vertreter des anderen Geschlechts ein gemeinsames Schlafzimmer haben. Der Arbeit mit dem Titel „Lebensstile an der Universität" zufolge sind erwiesenermaßen 66 Prozent der Studenten der Auffassung, gegen Geschlechtsverkehr, gleich zwischen welchen Personen, sei nichts einzuwenden, wenn beide „Lust dazu haben" oder „wenn ein Paar sich öfters getroffen hat und beiden Personen viel an der Beziehung liegt".

Ich habe mich nie als Unheilsprophet verstanden, aber ich gestehe, daß Statistiken dieser Art für mich ein Zeichen höchster Alarmstufe sind. Ich beobachte diesen Trend mit Furcht und Bestürzung, weil ich in solchen Verhaltensweisen den potentiellen Untergang unserer Gesellschaft und unseres Lebens sehe.

Die Menschheit wußte in den vergangenen 50 Jahrhunderten intuitiv, daß durch ein wahlloses Ausleben der Sexualität nicht nur das Überleben des Einzelnen, sondern auch das der Gesellschaft bedroht ist. Die Entwicklung der Geschichte bestätigt diese Ansicht. Der Anthropologe J. D. Unwin hat eine erschöpfende Untersuchung über die 88 Kulturen angestellt, die es bisher auf der Welt gegeben hat. Jede Kultur spiegelte einen ähnlichen Lebenszyklus wider. Der Aufbruch begann immer mit einem strengen Verhaltenskodex für die Beziehung der Geschlechter zueinander. Am Ende stand jedesmal die Forderung nach der kommenden „Freiheit" des Einzelnen, sich vollständig ausleben zu dürfen. Unwin berichtet, daß jede Gesellschaft, die ihren Mitgliedern auf sexuellem Gebiet alles erlaubte, bald zerstört war. Ausnahmen hat es hier nicht gegeben.[2]

Warum, glauben Sie, ist der Trieb zur Zeugung von Nachkommenschaft in uns von so entscheidender Bedeutung für das Überleben der Kultur? Weil die Kräfte, die ein Volk zusammenhalten, geschlechtlicher Natur sind. Die körperliche Anziehung zwischen Männern und Frauen veranlaßt sie, eine Familie zu gründen und sich in deren Entwicklung hineinzuinvestieren. Sie bringt die Menschen dazu, sich abzumühen, um das Überleben ihrer Familie zu sichern. Die geschlechtlichen Kräfte stellen den Anreiz dazu dar, gesunde Kinder aufzuziehen und die Werte von einer Generation an die nächste weiterzugeben.

Der Geschlechtstrieb drängt den Mann dazu, zu arbeiten, auch wenn er lieber spielen möchte. Er bewirkt, daß die Frau spart, obwohl sie das Geld lieber ausgeben würde. Kurz: daß wir geschlechtliche Wesen sind, führt zu Stabilität und Verantwortungsbewußtsein, die anders nicht zustande kämen – solange die Sexualität ihren Platz ausschließlich in der Familie hat. Wenn ein Volk aus Millionen solcher Familieneinheiten besteht, in denen man einander verpflichtet ist und füreinander Verantwortung übernimmt, dann ist die Gesellschaft als Ganzes stabil, zu verantwortlichem Handeln bereit und belastungsfähig.

Wenn die Beschränkung der Sexualität auf die Familie den Schlüssel zu einer gesunden Gesellschaft darstellt, dann liegt im Ausleben dieser Kräfte, außerhalb einer solchen Bindung, ein Potential, das eine Katastrophe heraufbeschwören kann. Dann werden die Kräfte, die ein Volk zusammenhalten, zu jener Macht, die es zerstört.

Vielleicht läßt sich dieser Gedanke der geschlechtlichen Kräfte, die in der Familie wirken, durch einen Vergleich mit der physikalischen Energie im Inneren eines Atoms vergleichen. Durch die elektrischen Kräfte innerhalb jedes Atoms werden Elektronen, Neutronen und Protonen in einem labilen Gleichgewicht gehalten. Wenn aber dieses Atom und die benachbarten Atome durch eine Kernspaltung (wie bei einer Atombombe) zerstört wird, so wird die Energie, die zuvor für die innere Stabilität des Atoms verantwortlich war, mit unglaublicher Gewalt freigesetzt und richtet ungeheure Verwüstungen an. Wir haben allen Grund anzunehmen, daß diese Parallele zwischen dem Atom und der Familie nicht rein zufällig ist.

Wer kann leugnen, daß eine Gesellschaft enorm geschwächt wird,
- wenn der starke Geschlechtstrieb in Millionen einzelner Familien zu einem Instrument des Mißtrauens und der Intrigen wird:
- wenn die Frau niemals wissen kann, was ihr Mann tut, wenn er von zuhause weg ist,
- wenn jeder der beiden Jungvermählten vor der Hochzeit bereits mit mehreren Partnern geschlafen hat und die Hochzeitsnacht nichts besonderes mehr ist,
- wenn jeder tut, was ihm paßt, und vor allem, was ihm möglichst schnellen Lustgewinn verschafft!

Die Hauptlast einer permissiven Gesellschaft trägt jedoch immer das Kind, das sich nicht wehren kann und das hört, wie die Eltern schreien und weinen. Die Spannungen und die Frustration der Eltern übertragen sich auf das Kind. Die Ungeborgenheit in der Familie hinterläßt in der empfindlichen kleinen Seele ihre häßlichen Schrammen. Schließlich erlebt das Kind, wie die Eltern im Bösen auseinandergehen, und sagt seinem Vater, den es eigentlich braucht und an dem es hängt, ade!

Oder sollten wir vielleicht lieber von den Tausenden von Kindern sprechen, die jedes Jahr geboren werden und deren Mütter noch Teenager sind? Viele dieser Kinder werden niemals die Wärme und die Geborgenheit einer Familie erfahren. Wir könnten allerdings auch von der immer schlimmer werdenden Geißel der Geschlechtskrankheiten reden, die bei der amerikanischen Jugend seuchenähnliche Ausmaße angenommen hat.

Uneheliche Kinder, seelisches Leid, Zerstörung der Persönlichkeit, Abtreibung, Krankheit, ja sogar Tod – das sind die Früchte der sexuellen Revolution, und ich kann es nicht mehr hören, daß sie romantisch verbrämt und glorifiziert wird. Gott hat unverantwortlichen Umgang mit der Sexualität eindeutig verboten. Nicht weil Er uns keinen Spaß und keine Freude gönnen würde, sondern um uns vor den katastrophalen Folgen eines Lebens zu bewahren, das immer wieder eiternde Wunden verursacht. Diejenigen, die sich als Einzelne oder als Gesellschaft entscheiden, Seine Gebote in diesem Bereich nicht zu beachten, werden für diesen Wahnsinn einen sehr hohen Preis zu zahlen haben.

Punkt 8: Wenn zwei Menschen sich wirklich lieben, so ist diese Liebe von Dauer. Sie hält ein ganzes Leben lang, ja oder nein?

Liebe, auch wahre Liebe, ist etwas sehr Zerbrechliches. Sie muß gehegt und gepflegt werden, wenn sie überleben soll. Die Liebe kann schwinden, wenn der Mann sieben Tage in der Woche arbeitet und wenn für Romantisches keine Zeit mehr bleibt. Sie kann schwächer und schwächer werden, wenn die Eheleute verlernen, miteinander zu reden.

Das Herausragende an einer Liebesbeziehung kann unter dem Druck des Alltagsgetriebes abflachen. Das habe ich in der ersten Zeit meiner Ehe mit Shirley erfahren. Ich hatte eine Ganztagsstelle und versuchte, meine Doktorarbeit an der University of Southern California so schnell wie möglich fertigzustellen. Meine Frau arbeitete als Lehrerin in der Schule und versah unseren kleinen Haushalt. Der Abend, an dem mir klar wurde, welchen Schaden dieser Streß in unserer Beziehung anrichtete, ist mir noch sehr deutlich in Erinnerung. Wir liebten uns noch, aber es war lange her gewesen, daß wir ein Gefühl der Wärme und der Vertrautheit empfunden hatten. Wir machten damals einen langen Spaziergang. Im darauffolgenden Semester nahm ich mir mehr Zeit für meine Frau und schob das Ziel meiner wissenschaftlichen Arbeit zeitlich weiter hinaus. Ich wollte etwas pflegen, das mir wichtiger war. Welche Stellung nimmt Ihre Ehe in Ihrer Wertehierarchie ein? Bekommt sie die Reste und Abfälle eines vollen Terminkalenders oder ist sie für Sie etwas Kostbares, das es zu bewahren und zu erhalten gilt? Wenn sie nicht gepflegt wird, kann die eheliche Beziehung zugrundegehen.

Punkt 9: Eine kurze Zeit der Freundschaft (ein halbes Jahr oder weniger) ist am besten, ja oder nein?

Die Antwort auf diese Frage ist im Kommentar zu Punkt 2 enthalten, wo es um die Verliebtheit geht. Wenn eine Freundschaft erst kurze Zeit besteht, muß die Entscheidung für eine lebenslange Bindung notwendigerweise impulsiv sein. Das ist bestenfalls ein riskantes Unterfangen.

Punkt 10: Jugendliche sind zu echter Liebe eher fähig als ältere Menschen, ja oder nein?

Wenn das wahr wäre, hätten wir große Mühe zu erklären, warum die Hälfte aller Ehen, die zwischen jungen Menschen im Teenageralter geschlossen werden, innerhalb der ersten fünf Jahre mit der Scheidung enden. Ganz im Gegenteil: jene Art von Liebe, die ich zu beschreiben versucht habe, die selbstlose, den anderen beschenkende und für ihn sorgende Liebe erfordert eine ziemlich große Reife. Diese ist aber bei den meisten Teenagern in sehr geringem Maße vorhanden. Jugendliches Verliebtsein ist etwas Aufregendes. Es gehört zum Erwachsenwerden. Selten allerdings entspricht es den Kriterien einer tiefergehenden Beziehung, die die Grundlage einer guten Ehe ist.

ICH BLEIBE DIR TREU

Alle zehn Punkte dieses kurzen Fragebogens sind mit nein zu beantworten, denn sie beschreiben die zehn häufigsten Mißverständnisse dessen, was die romantische Liebe ausmacht. Manchmal würde ich mir wünschen, daß das Bestehen dieses Tests eine Voraussetzung zur Erlangung eines „Eheberechtigungsscheines" wäre. Wer neun oder zehn Punkte mit nein beantwortet hätte, würde mit Auszeichnung abschließen. Bei fünf bis acht richtigen Antworten müßte man noch einmal ein halbes Jahr bis zur Hochzeit warten. Den verwirrten Träumern, die für vier oder weniger Fragen die richtige Lösung gefunden hätten, müßte man zum gänzlichen Verzicht auf die Ehe raten! (Aber Spaß beiseite: Wahrscheinlich brauchen wir richtige Intensivkurse für alle, die vom Geläut der Hochzeitsglocken träumen).

Zum Abschluß möchte ich Sie an dem teilhaben lassen, was ich meiner Frau zu unserem achten Hochzeitstag geschrieben habe. Die Worte, die ich gewählt habe, sind vielleicht nicht die gleichen, die Sie benutzen würden, um Ihrem Ehepartner dasselbe zu sagen. Dennoch hoffe ich, daß jene „echte, ungeteilte Liebe" zum Ausdruck kommt, von der ich gesprochen habe.

An meine liebe kleine Frau Shirley
Zum achten Hochzeitstag

Ich bin sicher, daß Du Dich an die vielen Male in den letzten acht Jahren erinnerst, wo die Wogen unserer Liebe und Zuneigung in hohen Wellen weit über das Ufer schlugen – an die Zeiten, wo unser Gefühl füreinander beinahe grenzenlos war. Ein so starkes Gefühl kann man nicht „machen", aber oft ist es der Begleiter eines besonders großen Glückes. Wir spürten es, als ich zum ersten Mal eine Stelle angeboten bekam. Wir spürten es, als das kostbarste Kind der Welt aus der Entbindungsstation im Huntingdon Hospital entlassen wurde. Wir spürten es, als ich von der University of Southern California den Doktortitel verliehen bekam. Aber Gefühle sind etwas Seltsames! Wir spürten die gleiche Nähe zueinander, als Dinge geschahen, die so ganz anders waren. Als Bedrohliches und möglicherweise Zerstörerisches in unser Leben einbrachen. Wir spürten eine besonders große Nähe zueinander, als unser Plan zu heiraten aus medizinischen Gründen verschoben zu werden drohte. Wir spürten sie, als Du letztes Jahr im Krankenhaus warst. Ich spürte sie, als ich nach dem schweren Autounfall über Deinem bewußtlosen Körper kniete.

Weißt Du, ich meine damit ,daß sowohl Glück als auch Gefahr einem dieses überwältigende Ja und diese unendliche Zuneigung zum geliebten Herzen des anderen spüren lassen können. Aber das Leben besteht doch meistens weder aus großer Gefahr noch aus der Erfahrung ungewöhnlichen Glücks. Eigentlich sind es vielmehr die kleinen Dinge, die wir jeden Tag gewohnheitsmäßig tun. Und dann freue ich mich an dieser stillen, klaren Liebe, die eigentlich das Hochgefühl des Augenblicks auf vielerlei Weise übersteigt. Sie ist vielleicht weniger überschwenglich, aber sie ist tief und beständig. Ich bin heute, an unserem achten Hochzeitstag, tief in dieser Liebe verankert. Ich empfinde heute diese unwandelbare und stille Liebe, weil mein Herz Dir gehört. Ich bleibe Dir treu und möchte, daß Du glücklich bist, heute mehr denn je. Ich möchte Dein „liebes Herz" bleiben.

Wenn das Leben uns das Gefühl füreinander überborden läßt, dann wollen wir uns an der Begeisterung und an der romantischen Erregung freuen. Im Alltag aber, so wie heute, bleibt meine Liebe zu Dir die gleiche. Ich wünsche Dir, meine liebe kleine Frau, alles Gute zum Hochzeitstag.

Jim

Der entscheidende Satz in diesem Brief an Shirley lautet: „Ich bleibe Dir treu." Die Liebe, die ich zu meiner Frau empfinde, wird nicht vom Wind der Ereignisse hin- und hergeworfen. Sie ist nicht abhängig von den Umständen oder von äußeren Einflüssen. Auch wenn meine unbeständigen Gefühle von einem Extrem zum anderen schwanken, mein Versprechen bleibt fest verankert. Ich habe mich entschieden, meine Frau zu lieben, und hinter dieser Entscheidung steht der unabänderliche Wille dazu.

In sehr vielen modernen Ehen fehlt diese Investition der Treue in sehr entscheidender Weise. „Ich liebe Dich", scheint es da zu heißen, „solange ich mich von Dir angezogen fühle oder solange mir nicht jemand begegnet, der besser aussieht als Du, oder solange es für mich von Vorteil ist, die Beziehung zu Dir aufrechtzuerhalten." Früher oder später muß sich eine solche Liebe, die nirgendwo verankert ist, in Nichts auflösen.

„Ich verspreche Dir die Treue in guten und bösen Tagen, in Gesundheit und Krankheit. Ich will Dich lieben, achten und ehren, solange ich lebe."

Dieses Treueversprechen aus alter Zeit ist immer noch das festeste Fundament, auf das man eine Ehe aufbauen kann, denn darin liegt die eigentliche Bedeutung echter romantischer Liebe.

ÜBUNGS- UND DISKUSSIONSFRAGEN

Lesen Sie dieses Buch für sich allein? Zusammen mit Ihrem Ehepartner? In der Gruppe? Wie dem auch sei, die folgenden Anregungen, Entscheidungsfragen, Lebenssituationen und Materialien zur Bibelarbeit werden Ihnen beim Durcharbeiten der Ansichten helfen, die Dr. Dobson in der Auseinandersetzung mit zehn weitverbreiteten Vorstellungen vertritt. Ansichten, bei denen es um Verliebtsein, Liebe und Ehe geht. Nehmen Sie bitte ein Notizbuch, eine Bibel und einen Stift zur Hand, dann kann die Arbeit an den Übungs- und Diskussionsfragen beginnen.

Punkt 1: Bei manchen Menschen gibt es die „Liebe auf den ersten Blick". Ja oder nein?

1. Sind Sie mit Dr. Dobson der Meinung, daß „Liebe auf den ersten Blick" physisch und emotional unmöglich ist? Kann es bei der „Liebe auf den ersten Blick" eine Beziehung geben, wie sie in Philipper 2,2 beschrieben wird? Warum? Warum nicht?

2. Stimmen Sie mit Dr. Dobson darin überein, daß Schlager die Auffassungen eines Menschen über die Liebe verdrehen können? Wie steht es mit Filmen, dem Fernsehen, Zeitungsromanen? Wie kann man herausfinden, ob man „verliebt in die Liebe" ist oder ob sich eine echte Liebesbeziehung zu einem anderen Menschen entwickelt? Was hat eine Stelle wie Kolosser 3,12-15 mit „wahrer Liebe" in der Ehe zu tun?

3. Hängt „Liebe auf den ersten Blick" irgendwie mit Egoismus zusammen? Warum? Warum nicht? Lesen Sie zum Thema Liebe und Selbstsucht bitte Philipper 2,2-4.

4. Lesen Sie bitte die beiden letzten Abschnitte von Dr. Dobsons Erörterung über die „Liebe auf den ersten Blick" (S. 49, beginnend mit dem Absatz: „Wahre Liebe . . ."). Zählen Sie bitte Gründe dafür auf, warum die Worte „Zeit" und „wachsen" für die wahre Liebe wichtig sind. Lesen Sie 1. Korinther 13,4-7 in verschiedenen Übersetzungen, und schreiben Sie die Worte und Sätze heraus, von denen Sie meinen, daß sie etwas mit dem Gedanken zu tun haben, daß man Zeit braucht, um in die Liebe hineinzuwachsen.

Punkt 2: Echte Liebe und Verliebtheit lassen sich leicht voneinander unterscheiden, ja oder nein?

1. Sind Sie der Meinung von Dr. Dobson, daß die „Faszination der Verliebtheit . . . niemals von Dauer" ist, oder vertreten Sie eine entgegengesetzte Auffassung? Diskussionsfragen: Gibt es überhaupt eine Beziehung ohne Höhen und Tiefen? Gibt es irgendeinen Zustand, der sich nicht mehr verändert? Kann jemand mit Fug und Recht von sich behaupten: „Ich ändere mich nie?" Lesen Sie bitte Maleachi 3,6 und Hebräer 13,8. Wie kann eine menschliche Beziehung durch die Unwandelbarkeit Gottes gestärkt werden, und wie kann sie dadurch Stabilität erhalten? (Siehe Psalm 33,11).

2. Würden Sie die folgende Aussage von Dr. Dobson bezeichnen a) als unromantisch, b) als verwirrend, c) als falsch, d) als festes Ehefundament: „Die Beständigkeit der ehelichen Beziehung erwächst aus dem unerschütterlichen Entschluß, aus dieser Ehe etwas zu machen und *ungeachtet der Umstände dafür zu sorgen,* daß die Liebe lebendig bleibt." Erklären Sie Ihre Antwort. Wie verhalten sich Römer 15,5 und 1. Thessalonicher 5,11 zu dieser Aussage?

3. Welche notwendige Komponente muß nach Dr. Dobson dazukommen, bevor man wirklich sagen kann, ob jemand nur verliebt ist oder ob er wirklich liebt? In Sprüche 19,2 ist davon die Rede, daß es klug ist, wenn man sich Zeit nimmt, um wichtige Entscheidungen zu durchdenken: „Wer hastig läuft, der tritt fehl." Wie läßt sich das auf die Bewertung von Verliebtheit und echter Liebe anwenden? Worin bestehen die Unbekannten?

Punkt 3: Menschen, die sich lieben, werden sich niemals gegenseitig angreifen oder miteinander streiten, ja oder nein?

1. Dr. Dobson meint, daß manche Konflikte in der Ehe unausweichlich sind. Worin liegt der Schlüssel dazu, daß die Auseinandersetzungen in einem gesunden Bereich bleiben? Lesen Sie bitte, was Dr. Dobson in den ersten beiden Abschnitten sagt, die zu Punkt 3 gehören. Weitere Anregungen finden Sie in Sprüche 15,1.18; 17,14 und in Epheser 4,26.27.

2. Können Eheleute sich streiten und doch dem gehorchen, was in Epheser 4,31 steht? Was meinen Sie, ja oder nein?

3. Erörtern Sie den Unterschied zwischen den beiden folgenden Situationen: Wie ist es, wenn Sie wütend oder verletzt sind, weil Ihnen eine bestimmte Sache oder ein Problem Schwierigkeiten bereitet? Gelingt es immer, beides auseinanderzuhalten? Welche Richtlinien für ein Streiten, das verbindet, finden Sie in Galater 5,15; 1. Petrus 4,8 und in Jakobus 5,16? Lesen Sie die entsprechenden Verse in möglichst vielen verschiedenen Übersetzungen. Zählen Sie die wesentlichen Gedanken auf.

4. Wenn Sie dieses Buch in einer Gruppe durcharbeiten, suchen Sie bitte Freiwillige, die ein Rollenspiel machen, bei dem es auf das folgende Prinzip ankommt: „Ein gesunder Streit bleibt auf die Sache beschränkt, an der er sich entzündet hat." Wählen Sie für jedes Rollenspiel eines der drei folgenden Probleme aus:

„Ich habe Angst, daß wir die vielen Rechnungen nicht bezahlen können."

„Ich mache mir Sorgen, wenn ich nicht weiß, ob Du zum Abendessen später kommst."

„Was Du gestern Abend auf der Party gesagt hast, war mir peinlich. Ich kam mir dumm vor."

Nehmen Sie sich nach jeder Runde ein paar Minuten Zeit, um in der ganzen Gruppe zu besprechen, ob man bei der Auseinandersetzung sachlich geblieben ist oder ob einer den anderen in seiner Person angegriffen hat.

Punkt 4: Gott wählt für jeden von uns einen bestimmten Menschen aus, den wir heiraten sollen und mit dem Er uns zusammenführt, ja oder nein?

1. In welcher Form bietet Gott bei der Wahl des Ehepartners Seine Hilfe an? Bevor Sie eine Antwort geben, lesen Sie bitte zuerst Jeremia 33,3; 1. Chronik 16,11; Philipper 6,4; Jakobus 1,5-8. Ist die Hilfe, die in diesen Versen beschrieben wird, allgemeiner oder besonderer Art?

2. Was offenbart 2. Korinther 6,14 über den Willen Gottes für einen Christen bei der Wahl seines Ehepartners? Was ist Ihrer Meinung nach wichtiger: daß der zukünftige Partner Christ ist oder daß er eine reife Persönlichkeit, freundlich, geduldig usw. ist? Begründen Sie Ihre Antwort.

3. Dr. Dobson sagt: „Wer glaubt, Gott garantiere jedem Christen eine gute Ehe, wird einen Schock erleben." Was möchte er Ihrer Meinung nach damit sagen? Gehen Sie mit ihm darin einig oder nicht?

Punkt 5: Wenn ein Mann und eine Frau sich wirklich lieben, werden Probleme und Schwierigkeiten ihre Beziehung überhaupt nicht belasten, ja oder nein?

1. Sind Sie gleicher oder anderer Meinung wie Dr. Dobson, wenn er sagt, daß selbst in stabilen Ehen, in denen die Partner sich lieben, große Probleme vernichtende Auswirkungen haben können? Begründen Sie Ihre Meinung mit Beispielen aus dem Alltag (die Sie erlebt haben).

2. Aus welchen Quellen können christliche Ehepaare schöpfen, wenn sie Kraft brauchen, um Schwierigkeiten begegnen und Probleme lösen zu können? Welche der folgenden Bibelstellen könnte Ihnen in schweren Zeiten am meisten Mut machen: Josua 1,9; Psalm 3; Kolosser 2,6.7; oder 1. Petrus 5,8-11?

3. Dr. Dobson spricht vom „Keil der Isolation", der sich zwischen verzweifelte Ehepartner (oder Eltern) schieben kann. Versuchen Sie in 1. Johannes 3,18; 4,7; 1. Thessalonicher 5,11 und in Philipper 2,4 mindestens drei Prinzipien zu erkennen, die Eheleuten dazu verhelfen können, in schweren Zeiten aufeinander zuzugehen und so zu verhindern, daß sich der „Keil der Isolation" zwischen sie schiebt.

4. Zählen Sie Mittel und Wege auf, wie sich die Liebe vor „Schmerz und seelischen Erschütterungen" schützen läßt. Suchen Sie in den folgenden Stellen der Heiligen Schrift nach Möglichkeiten, die Liebe auch in schweren Zeiten zu schützen und zu stärken: Galater 6,2; Römer 12,15; 1. Petrus 3,8.9. An welchem dieser Punkte müssen Sie in Ihrer Ehe diese Woche arbeiten? Was wird sich in Ihnen am meisten ändern müssen?

Punkt 6: Es ist besser, den falschen Partner zu heiraten, als sein ganzes Leben lang einsam und allein zu sein, ja oder nein?

1. Dr. Dobson sagt: „Es ist meistens weniger schmerzlich, einen Ausweg aus der Einsamkeit zu suchen, als sich in einer zer-

rütteten Ehe ständig gegenseitig fertigzumachen." Sind Sie seiner Meinung oder vertreten Sie eine andere Auffassung? Warum?

2. Sprechen die in Sprüche 15,17; 17,1 und in Prediger 4,6 gemachten Aussagen eher für das Alleinbleiben oder für eine Ehe mit einem „falschen Partner?"

3. Machen Sie fünf konstruktive Vorschläge, was ein Mann gegen seine Einsamkeit tun kann. Zählen Sie auch fünf Möglichkeiten auf, wie eine alleinstehende Frau ihr Leben auf ihre Weise sinnvoll gestalten kann. Fassen Sie Ihre Gedanken unter Überschriften zusammen wie etwa: Entwicklung der Persönlichkeit, Dasein für andere, Neues entdecken, geistlich wachsen.

4. In 1. Korinther 7,8.9 rät der Apostel Paulus den Christen, am besten nicht zu heiraten. Worin bestehen einige der geistlichen Vorteile des Ledigseins?

Punkt 7: Es ist nicht schädlich, wenn man vor der Ehe Geschlechtsverkehr hat, sofern dem Paar die Beziehung etwas bedeutet, ja oder nein?

1. Erörtern Sie an konkreten Beispielen, wie die Unterhaltungsindustrie und andere Medien uns vermitteln, daß gegen vorehelichen Geschlechtsverkehr nichts einzuwenden ist, wenn beide Beteiligten Lust dazu haben.

2. Dr. Dobson zitiert anthropologische Untersuchungen, denen zufolge alle Kulturen untergehen, die sich von einem strengen Verhaltenskodex für die Beziehung der Geschlechter zueinander entfernen und sich der sexuellen Freizügigkeit weitestgehend öffnen.

Wie kann eine Gesellschaft einem strengen Verhaltenskodex in der Geschlechterbeziehung Geltung verschaffen und gleichzeitig die Freiheit des Einzelnen gewährleisten?

3. Dr. Dobson schreibt: „Wenn ein Volk sich aus Millionen von Familieneinheiten zusammensetzt, in denen man einander verpflichtet ist und füreinander Verantwortung übernimmt, dann ist die Gesellschaft als Ganzes stabil, zu verantwortlichem Handeln bereit und belastungsfähig." Vertreten Sie ebenfalls diese Auffassung oder sind Sie anderer Meinung? Wie sieht es in dieser Hinsicht mit unserer Gesellschaft aus?

4. Bedenken Sie bitte, daß Unzucht definiert ist als Geschlechtsverkehr zwischen Ledigen. Dann schreiben Sie bitte auf der Grundlage der folgenden Bibelstellen eine kurze Zusammenfassung über die biblische Sicht vorehelichen Geschlechtsverkehrs. Siehe : Markus 7,21; 1. Korinther 6,13-20; Galater 5,19-21; Epheser 5,13.

Punkt 8: Wenn zwei Menschen sich wirklich lieben, so ist diese Liebe von Dauer. Sie hält ein ganzes Leben lang, ja oder nein?

1. Dr. Dobson meint: „Liebe, auch wahre Liebe, ist etwas sehr Zerbrechliches. Sie muß gehegt und gepflegt werden, wenn sie überleben soll." Zählen Sie bitte, wenn Sie verheiratet sind, drei bis fünf Dinge auf, die Sie in Ihrer Ehe erfahren haben und die das Gefühl der Zuneigung bei Ihnen belasten. Zählen Sie dann drei bis fünf Erfahrungen auf, die die Liebe zu Ihrem Ehepartner eindeutig gestärkt haben. (Versuchen Sie, falls Sie verlobt oder fest befreundet sind, miteinander über solche Dinge zu sprechen und herauszufinden, welche Probleme die Liebe zueinander in der Ehe belasten könnten.)

2. Lesen Sie 1. Korinther 13,4-7 in möglichst vielen verschiedenen Übersetzungen. Schreiben Sie aufgrund dieser Bibelstelle ein Rezept zur Stärkung der Liebe.

3. Gehen Sie in aller Kürze einmal durch, was Sie in den letzten Tagen getan haben. Entscheiden Sie aufgrund Ihrer Aktivitäten, welchen Platz Ihre Ehe in Ihrer Wertehierarchie einnimmt. Nehmen Sie sich für Ihre Ehe nur dann Zeit, wenn bei Ihrem vollgestopften Terminkalender etwas abfällt oder übrigbleibt? Behandeln Sie Ihre Ehe wie etwas Kostbares? Stellen Sie eine Liste auf mit den Dingen, die Sie in den nächsten Tagen zu tun haben. Denken Sie dabei an Ihre Arbeit, an Ihre familiären Verpflichtungen, usw. Sind in Ihrer Planung auch Zeiten vorgesehen, die Sie mit Ihrem Ehepartner allein verbringen? Stehen diese Zeiten bei Ihnen an allererster Stelle? Warum? Warum nicht?

Punkt 9: Eine kurze Zeit der Freundschaft (ein halbes Jahr oder weniger) ist am besten, ja oder nein?

1. Ziehen Sie zur Prüfung dieser Aussage die Fragen, Erklärungen und Diskussionsanregungen unter Punkt 2 heran.
2. Dr. Dobson glaubt, daß ein halbes Jahr viel zu kurz ist, um sich kennenzulernen. Wie lange sollte man Ihrer Meinung nach miteinander befreundet sein? Wie lange waren Sie mit Ihrem Ehepartner befreundet, bevor Sie sich zur Ehe entschlossen? Hätten Sie eigentlich mehr Zeit gebraucht, um sich gegenseitig besser kennenzulernen?
3. Ist es auch denkbar, daß eine Freundschaft *zu lange* dauert? Warum?
4. Falls Sie verheiratet sind: Welche Aspekte der Persönlichkeit und des Charakters haben Sie bei Ihrem Ehepartner erst nach der Eheschließung kennengelernt?

Punkt 10: Jugendliche sind zu echter Liebe eher fähig als ältere Menschen, ja oder nein?

1. Zur wahren Liebe gehört, daß man für den anderen Menschen sorgt, daß man zu ihm hält und selbstlos sich selbst verschenkt. Warum kann das für Jugendliche schwierig sein?
2. Vergleichen Sie bitte den Brief, den Dr. Dobson seiner Frau zum Hochzeitstag geschrieben hat, mit Epheser 5,28-33. Was hat die Stelle im Epheserbrief über die Liebe zum anderen zu sagen? Was fühlen Sie, wenn Ihnen jemand anvertraut ist? Wie sieht dann Ihr Reden und Ihr Tun aus?
3. Lesen Sie bitte 1. Mose 2,24, und erörtern Sie die Frage: Was bedeutet es, ein Fleisch zu werden? Zählen Sie auf, wo Sie und Ihre Frau, bzw. Ihr Mann ein Fleisch sind.

TEIL III

ZORN

- Ist jedes Gefühl von Zorn Sünde?
- Wie kann man mit starken negativen Gefühlen umgehen, ohne die biblischen Maßstäbe zu verletzen und ohne seine Gefühle zu verdrängen?
- Kann ein Christ ohne das Gefühl von Aggression und Feindseligkeit leben?
- Rechtfertigt moralische "Überlegenheit" in einer bestimmten Angelegenheit eine aggressive und feindselige Haltung?
- Worin besteht der „Flucht-" bzw. „Angriffstrieb", und wie ist er von der Bibel her zu verstehen?

KONFLIKT IN EINEM BLUMENGESCHÄFT

Als streitbarer junger Student hatte ich an der Uni die Kunst des Wortgefechts bis zu einem hohen Perfektionsgrad entwickelt. Ich war stolz auf meine Fähigkeit, einen Gegner zu schlagen, insbesondere wenn ich meinte, daß er sich gegen mich oder meine Freunde unfair verhalten hatte oder uns nicht genügend respektierte. An diese Fertigkeit denke ich heute mit einigem Befremden zurück, wenngleich der Austausch von Beleidigungen und der Mißbrauch von Worten für Jugendliche zwischen 18 und 22 Jahren nichts Ungewöhnliches ist.

Nachdem ich mein Studium abgeschlossen und geheiratet hatte, wurde allerdings das Bewußtsein in mir wach, daß Gott die Art und Weise mißfiel, in der ich mit zwischenmenschlichen Konflikten umging. „Eine linde Antwort stillt den Zorn", las ich im Buch der Sprüche, und dasselbe Thema kam in sämtlichen Lehren Jesu vor. Eindeutig war dies ein Bereich, in dem der Herr von mir erwartete, daß ich mein Verhalten mit Seinem Wort in Einklang bringen sollte. Doch schlechte Gewohnheiten, die man seit seiner Kindheit hat, lassen sich nur schwer ablegen. Es scheint, als ob in dieser Zeit die göttliche Vorsehung eine Reihe unbequemer Leute meinen Weg kreuzen ließ, die mich alle ein wenig mehr Selbstbeherrschung und Toleranz lehrten. Jedesmal wenn ich die christliche Liebe verletzte, zu der ich mich bekannte, schien der Heilige Geist mich in den darauffolgenden Tagen zurechtzuweisen. Viele „Tests" begleiteten diesen Lernprozeß, die Schlußprüfung aber fand etwa drei Jahre später statt.

Als überzeugter Anhänger der Parole „Laßt Blumen sprechen" hatte ich beschlossen, meine Frau am Ostersonntagmorgen mit einem Blumengesteck zu überraschen. Unser Florist nahm meine Bestellung entgegen und versprach, Samstagabend ab 17 Uhr eine Orchidee für mich bereitzuhalten. Die ganze Woche lang hing ich dem Gedanken an die edle Tat meines großzügigen Herzens nach, und mein Gesicht verzog sich zu einem Lächeln, wenn ich an den folgenden Sonntag und die Enthüllung der Überraschung nach dem Frühstück dachte.

Als der Samstagnachmittag sich seinem Ende näherte, fand ich eine vordergründige Ausrede, warum ich kurz mit dem Auto weg mußte. Ich fuhr schnell zum Floristen, um dort die geheimnisvolle Schachtel abzuholen. Der Laden stand voller Leute. Die Dame hinter der Theke war ganz offensichtlich überlastet und überarbeitet. Mein erster Fehler bestand vermutlich darin, daß ich ihre innere Anspannung nicht früh genug bemerkte und auch die Schweißperlen, die ihr über der Oberlippe standen, nicht richtig wahrnahm. Geduldig wartete ich, bis ich an die Reihe kam, und beobachtete, wie ein Kunde nach dem anderen seine Bestellung in Empfang nahm und an mir vorbei hinaustrug. Als ich schließlich an der Theke stand und meinen Namen nannte, ging die Verkäuferin einen Stapel Karten durch und sagte mit unbewegter Miene: „Wir können Ihre Bestellung nicht ausführen. Sie werden Ihre Blumen nun eben woanders auftreiben müssen."

Sie gab weder einen Grund an, noch entschuldigte sie sich für den Fehler. Ihre Stimme hatte einen unüberhörbaren gleichgültigen Unterton, der mich sehr ärgerlich machte. Da stand sie, die Hände an den Hüften aufgestützt, und sah mich mit stechendem Blick an, als sei ich an der ganzen Sache schuld.

Ich war zunächst verwundert und fragte schließlich: „Warum haben Sie meine Bestellung entgegengenommen, wenn Sie sie nicht ausführen können? Ich hätte dann sofort in einem anderen Geschäft fragen können. Jetzt ist es zu spät, um irgendwo anders ein Gesteck zu bekommen."

Ich erinnere mich genau, daß meine Reaktion unter den gegebenen Umständen sehr beherrscht war, obwohl meine Enttäuschung zweifellos deutlich wurde. Kaum hatte ich meine kurze Frage ausgesprochen, als im hinteren Teil des Gebäudes ein Vorhang zurückgeworfen wurde und ein rotgesichtiger Mann in den Laden stürmte. Er schoß auf mich zu und packte mich beim Kragen. Ich habe keine Ahnung, wie groß er war; ich weiß nur, daß ich 1,87 m groß bin und 83 Kilo wiege. Trotzdem reichten meine Augen nicht höher, als bis zu seinem vibrierenden Adamsapfel und dem zitternden Kinn. Mir war sofort klar, daß der Goliath nicht nur verärgert war – er kochte vor Wut! Er fletschte die Zähne und hieb mir mit seiner geballten Faust irgendwo gegen den Kiefer.

Während der nun folgenden zwei Minuten bekam ich die heftigste Wortattacke meines Lebens zu spüren. Er benutzte sämtliche mir bekannten Flüche und brachte mir noch einige neue bei, die ich nicht einmal beim Militär gehört hatte. Dann, nachdem er die Frage aufgebracht hatte, was ich Nichtsnutz überhaupt auf dieser Welt zu suchen hätte, kündigte er an, daß er die Absicht hatte, meine sämtlichen Glieder durch die Eingangstür hinauszuwerfen.

Der gefühlsmäßige Schock dieses Augenblicks läßt sich nur schwer beschreiben. Ich hatte diesen Konflikt weder gesucht noch vorhergesehen. Plötzlich hatte ich, ohne es zu wissen, ein Pulverfaß gezündet, dessen Zündstoff sich im Laufe dieses hektischen Tages (oder Jahres) angesammelt hatte. Den nächsten Schritt hatte nun eindeutig ich zu tun. Schweigen erfüllte den Raum, und ein halbes Dutzend Kunden schnappte nach Luft. Man wartete auf meine Reaktion.

Der härteste Teil der Herausforderung bestand im Widerstreit dessen, was mein Gefühl mir sagte, und dem, was Gott mich zu lehren versucht hatte. Zwei oder drei Sekunden lang schien es mir, als ob der Herr mich fragte: „Wirst Du jetzt mir gehorchen oder nicht?"

Ich stammelte so etwas wie eine Verteidigung und tat das Schwerste, was jemals von mir verlangt worden war: Ich drehte mich auf dem Absatz herum und verließ das Geschäft. Den anderen Kunden mußte ich feige erscheinen, besonders angesichts der Körpergröße meines Gegners. Oder vielleicht dachten sie auch, es sei mir keine passende Antwort eingefallen. All diese aufwühlenden Gedanken fuhren mir durch den Kopf, als ich zum Wagen ging.

Ob ich mich nun mit dem Gefühl des Triumphes auf den Nachhauseweg machte, weil ich getan hatte, was Gott von mir verlangte? Nein, nicht sofort. Das Blut schoß mir heiß durch Hals und Ohren. Adrenalin wurde in die Venen gepumpt. Am liebsten hätte ich sogleich etwas Primitives getan – z. B. mit einem Stein die Glasscheibe zertrümmert, hinter der ein Strauß Rosen stand. Allmählich aber normalisierte sich mein physischer Zustand, und ich war mit meiner Selbstbeherrschung zufrieden.

Die Art von Frustration, die ich im Blumengeschäft erlebt hatte, ob man sie nun als Zorn bezeichnen würde oder als ein ähnliches Gefühl, ist auch wichtig für andere Menschen, die versuchen, als Christen zu leben. Ich bin nicht der erste, der lernen mußte, seine Zunge im Zaum zu halten und das innerliche Aufgewühltsein zu überwinden, das dahintersteht. Was erwartet Gott nun tatsächlich innerhalb dieses Lebensbereiches von uns? Will Er, daß wir langweilig und farblos sind, ohne irgendwelche Gefühle? Ist jedes Gefühl von Zorn Sünde? In diesem Zusammenhang gibt es viele Fragen, die von theologischem Interesse sind und die wir in der anschließenden Diskussion berücksichtigen wollen.

WAS IST ZORN? WANN IST DIESES GEFÜHL SÜNDE?

Beginnen wir mit der Frage: Ist jedes Gefühl von Zorn Sünde?

Ganz offensichtlich ist nicht alles, was man als Zorn bezeichnen kann, ein Verstoß gegen die Gebote Gottes, denn in Epheser 4,26 lesen wir: „Zürnet ihr, so sündiget nicht." Dieser Vers bedeutet, so wie ich ihn verstehe, daß es einen Unterschied gibt zwischen *aggressiven Gefühlen* und einer zerstörerisch wirkenden Feindseligkeit, die in der Heiligen Schrift verurteilt wird. Unsere erste Aufgabe wird nun darin bestehen, diesen Unterschied zu klären.

Wie ist denn nun das Gefühl zu bewerten, das Sie im Blumengeschäft erlebt haben? Sicher ist, daß Sie wütend waren, als Sie hinausgingen. Verurteilt Gott solche Gefühle?

Ich glaube nicht. Ich fühlte mich deswegen auch später nicht schuldig. Wir sollten bedenken, daß Zorn nicht nur eine gefühlsmäßige Angelegenheit ist – er ist auch biochemisch bedingt. Der unbegründete Angriff des Ladenbesitzers wurde von mir als außerordentliche Gefahr erkannt. Es war keine ausführliche Analyse nötig, um darauf zu kommen! Für Situationen dieser Art ist der menschliche Körper mit einem Verteidigungssystem ausgestattet, dem Flucht- bzw. Angriffstrieb, der den gesamten Organismus zum Kampf vorbereitet. Adrenalin wird ins Blut ausgeschüttet, was eine Reihe physiologischer Reaktionen im Körper bewirkt. Der Blutdruck steigt bei entsprechender Beschleunigung der Herzschläge; die Pupillen erweitern sich zur Verbesserung des peripheren Sehens; die Hände schwitzen; der Mund wird trocken; die Muskeln sind plötzlich mit Energie geladen. Innerhalb von wenigen Sekunden wird der Mensch aus einem Ruhezustand in den „Alarmzustand" versetzt. *Besonders zu beachten ist, daß diese Reaktion nicht mit dem Willen gesteuert werden kann.* Sind erst einmal Flucht- und Angriffshormone freigesetzt, kann man die aggressiven Gefühle nicht mehr leugnen, die sie auslösen. Es wäre dasselbe, als wollte man die Existenz von Zahnschmerzen leugnen oder die irgendeines anderen physischen Ausnahmezustands. Und da Gott dieses System geschaffen hat als ein Mittel, durch das sich der Körper vor Gefahren schützen kann, glaube ich nicht, daß Er uns wegen dessen richtigen Funktionierens verurteilt.

Andererseits ist unsere *Reaktion* auf das Gefühl des Zornes bewußter und unterliegt dem Einfluß des Willens. Wenn wir nicht aufhören, über das nachzugrübeln, was uns wütend macht, mit den Zähnen zu knirschen, Gelegenheiten zur Rache zu suchen oder zu einem offenen Racheakt auszuholen, dann liegt die Vermutung nahe, daß wir die Grenze zur Sünde überschritten haben. Wenn diese Interpretation der Heiligen Schrift richtig ist, so steht zwischen den beiden Teilen des Verses „Zürnet ihr, so sündigt nicht" eine Willensentscheidung.

Aber doch nicht jede Aggression wird durch eine bedrohliche Situation hervorgerufen. Wie sind jene Reaktionen einzuordnen, die durch äußerste Wut oder Feindseligkeit hervorgerufen werden?

Jede Aggression löst biochemische Prozesse im Körper aus, obwohl sich die Hormone, die durch Umstände freigesetzt werden, die uns zornig machen, in gewisser Weise vom Flucht- bzw. Angriffstrieb unterscheiden. Man könnte auch so sagen: jeder hat sein eigenes Reaktionsschema. Manche Menschen erhitzen sich bei der geringsten Provokation. Andere sind kühle Charaktere, denen die Fähigkeit angeboren zu sein scheint, „über allem" zu stehen. Diese Unterschiede sind zum Teil erblich bedingt und zum Teil auf Umwelteinflüse in oder nach der Kindheit zurückzuführen.

Macht die Bibel aber nicht eine eindeutige Aussage zum Thema „Aggression"? Wo läßt sie Raum für die Unterschiede zwischen einzelnen Menschen, von denen Sie gerade gesprochen haben?

Schreibt der Apostel Paulus nicht in Römer 12,18: "Ist es möglich, so habt mit allen Menschen Frieden"? Anders ausgedrückt: es wird von uns erwartet, daß wir die Kontrolle über uns selbst behalten und Selbstbeherrschung üben. Einigen wird das aufgrund der verschiedenen Temperamente besser gelingen als anderen. Wenn wir auch einen unterschiedlichen Reifegrad erreicht haben und nicht in gleichem Maße verantwortlich handeln, so führt uns doch der Heilige Geist behutsam in die Richtung, die Er will, bis der Augenblick der Prüfung kommt, wo Er von uns Gehorsam verlangt.

Wie würden Sie das Gefühl des Zornes definieren?

Zorn ist eine komplexe Reaktion, unter der man alles mögliche verstehen kann. Viele der Verhaltensweisen, die unter der Überschrift „Zorn" zusammengefaßt werden, haben nichts mit sündigem Verhalten zu tun. Bitte beachten Sie folgende Beispiele:

1. *Extreme Müdigkeit* führt zu einer Reaktion, die Züge eines zornigen Verhaltens hat. Eine von der Arbeit des Tages erschöpfte Mutter kann sehr „zornig" werden, wenn ihr vierjähriges Kind sein drittes Glas Milch umkippt. Wenn nötig, würde diese Mutter für ihr Kind ihr Leben lassen, und sie könnte ihm keines seiner Härchen krümmen. Dennoch wird ihr Zustand der Hilflosigkeit und der Übermüdung mit demselben Stempel versehen wie der Trieb, der Kain veranlaßte, Abel zu töten.

2. *Extreme Verunsicherung* bewirkt eine typische Reaktion, die nach einem altvertrauten Schema abläuft. Meine Reaktion im Blumengeschäft kam eher durch Verunsicherung zustande als durch ein Gefühl der Feindschaft gegenüber meinem kampflustigen Gegner. Weder während unseres „Zusammenstoßes" noch danach hatte ich das Bedürfnis, ihn zu verletzen. Wenn wir beide allein gewesen wären, glaube ich, wäre ich mit seiner Attacke leichter fertiggeworden. Aber wir hatten sechs oder acht Zuschauer. So stand zusätzlich noch ein „Ich-Verlust" auf dem Spiel.

3. *Extreme Frustration* ruft eine extreme Reaktion hervor, die wir ebenfalls als „Zorn" bezeichnen. Eine solche Reaktion konnte ich bei

einem Basketball-Spieler beobachten, der in der Mannschaft seines Gymnasiums spielte. Er hatte einen schlechten Tag. Alles ging schief. Er verspielte den Ball, schummelte beim Dribbeln und verfehlte sämtliche Würfe. Je mehr er sich anstrengte, um so schlechter fühlte er sich. Eine solche Frustration kann eine vulkanartige Explosion gegenüber dem Trainer oder irgendjemand in dessen Nähe zur Folge haben. Ausbrüche dieser Art sind die Ursache dafür, daß Golfschläger gegen Bäume geschleudert und Tennisschläger auf Netzpfosten gespießt werden.

Die Erfahrung von *Ablehnung* steht ebenfalls häufig hinter einem Zornesausbruch. Ein Mädchen, das z. B. von dem jungen Mann zurückgestoßen wird, den es liebt, wird sich vielleicht mit einem Hagel harter Worte rächen. Sie ist weit davon entfernt, ihn zu hassen. Ihre Reaktion rührt von der tiefen Verletzung her, die durch das Gefühl entsteht, abgelehnt und nicht beachtet zu werden.

Wie Sie sehen, werden viele ausgeprägt aggressive Gefühle des Menschen als „Zorn" bezeichnet. Dementsprechend bezweifle ich, ob alle Aussagen der Heiligen Schrift zum Thema Zorn das gesamte Spektrum von Gefühlen innerhalb dieser umfangreichen Kategorie in der gleichen Weise erfassen.

Wie unterscheiden sich dann die Gefühle, die nicht durch schuldhaftes Versagen zustandekommen, wie Sie sagten, von einem Zorn, durch den wir schuldig werden?

Ihre Frage schneidet ein theologisches Problem an. Das ist vielleicht nicht sofort zu erkennen, aber es ist für alle Christen von größter Bedeutung. Die Bibel lehrt die Existenz eines je nachdem verhängnisvollen Fehlers in der Charakterstruktur des Menschen, der ihn zu einem Verhalten treibt, durch das er Schuld auf sich lädt, obwohl dieser Mensch vielleicht sehnlichst Gott dienen möchte. Paulus spricht in Römer 7,21-24: „So finde ich nun ein Gesetz, daß mir, der ich will das Gute tun, das Böse anhanget. Denn ich habe Lust an Gottes Gesetz nach dem inwendigen Menschen. Ich sehe aber ein ander Gesetz in meinen Gliedern, das da widerstreitet dem Gesetz in meinem Gemüte und nimmt mich gefangen in der Sünde Gesetz, welches ist in meinen Gliedern. Ich elender Mensch! Wer wird mich erlösen von dem Leibe dieses Todes?"

Paulus spricht nun ganz offensichtlich als Christ. Aber er weiß um die Existenz eines inneren Kampfes zwischen Gut und Böse. Zorn, Eifersucht, Neid, usw. kommen durch diese innere Natur zustande. Paulus ist in dieser Hinsicht kein Einzelfall. Alle Menschen haben diese Veranlagung geerbt. David bekennt: „. . . meine Mutter hat mich in Sünden empfangen." (Psalm 51,7). Er meint damit die „Sünde, die in mir wohnt" (Römer 7,17) im Gegensatz zu den Sünden, die ich begehe.

Was hat das nun mit dem Thema Zorn zu tun? Ganz einfach folgendes: Die uns angeborene, mit der Sünde behaftete Natur löst eine Reaktion aus, die man als „fleischlichen Zorn" bezeichnen könnte. Diese gilt es zu unterscheiden von einem Verhalten, das auf Frustration, hormonelle Prozesse und emotionale oder psychische Bedürfnisse zurückzuführen ist. Letzteres ist jedoch auch weder heilig noch gerecht, aber es kann durch keine *menschliche Anstrengung überwunden werden*.

Praktisch jede rechtgläubige Konfession unterstützt die soeben beschriebene biblische Lehre, denn sie entspricht ganz der Heiligen Schrift. Im Hinblick auf die Lösung des Problems gibt es jedoch unter den Christen große Meinungsverschiedenheiten. Der Unterschied in der Lehre beruht jeweils auf der Beantwortung der Frage, ob es in diesem Leben eine Reinigung davon gibt oder nicht und wenn ja, unter welchen Umständen. Ich glaube daran, daß der Heilige Geist die Herzen durch einen Akt göttlicher Gnade reinigt (siehe Apostelgeschichte 15,8.9), damit der „Leib der Sünde aufhöre" (Römer 6,6).[1]

Glauben Sie, daß wir nicht mehr sündigen können, wenn die Natur des Bösen einmal in uns besiegt wurde?

Nein, wir müssen uns immer wieder entscheiden. Außerdem bleiben wir weiterhin anfällig für menschliche Fehler und Schwächen. Wir lassen uns zu Irrtümern verleiten und verfehlen, was nach dem Willen Gottes das Beste für unser Leben ist. Paulus stellt in Römer 7,24 die entscheidende Frage: „Wer wird mich erlösen von dem Leibe dieses Todes?" („Leib dieses Todes" bezieht sich hier auf die römische Sitte, nach der man einen Leichnam und einen lebenden Menschen so zusammenband, daß dieser sich selbst nicht befreien konnte – bis das verwesende Fleisch schließlich seinen Tod verursachte). Paulus gibt darauf eine wunderbare Antwort, die für die ganze Menschheit gilt: „Ich danke Gott, ich bin gerettet durch Christus unseren Herrn!" (Römer 7,24.25).

Woran erkennt man nun fleischlichen Zorn? Was verurteilt Gott daran in der Bibel?

Als eine Form von Zorn, die unzulässig ist, betrachte ich solche Formen von Aggression, die uns dazu treiben, unseren Nächsten zu verletzen. Wenn wir einen anderen Menschen schlagen und ihm Verletzungen beibringen, wenn wir ihm Schmerzen zufügen wollen, so ist das nicht richtig. Erinnern wir uns an die Erfahrung, die der Apostel Petrus machte, als Jesus gekreuzigt werden sollte. Er war ganz offensichtlich innerlich aufgewühlt und durcheinander, als er mitansehen mußte, wie sein geliebter Herr unvorstellbaren Qualen ausgesetzt wurde. Jesus aber wies ihn zurecht, als er dem römischen Söldner mit dem Schwert das Ohr abhieb. Wenn es jemals einen Menschen gegeben hat, der einen berechtigten Grund zu einem Zornesausbruch gehabt hätte, so scheint es Petrus gewesen zu sein. Trotzdem billigte Jesus sein Verhalten nicht. Voller Mitgefühl heilte Er den verwundeten Soldaten.

In diesem Ereignis, das uns berichtet wird, steckt für uns alle eine Botschaft von entscheidender Bedeutung: *Nichts rechtfertigt eine haßerfüllte Haltung oder den Wunsch, einen anderen Menschen zu verletzen. Nicht einmal zur Verteidigung Jesu Christi ist eine solche Form von Aggression erlaubt.*

Meinen Sie, daß auch die Tatsache, daß man im Recht ist, eine falsche Haltung und falsches Verhalten nicht rechtfertigt?

Ja. Als aktives Mitglied der Kirche habe ich zeit meines Lebens sogar beobachtet, daß Christen häufig gerade dann besonders großer Gefahr ausgesetzt sind, wenn sie in einer Auseinandersetzung „recht" haben und nicht, wenn sie eindeutig im Unrecht sind. Anders ausgedrückt: ein Mensch wird eher verbittert und hegt gegenüber dem anderen eine zutiefst feindselige Einstellung, wenn er derjenige ist, der betrogen oder ausgenutzt wurde, als der andere, der ihm dieses Unrecht zugefügt hat. E. Stanley Jones stimmt mit mir darin überein, wenn er sagt, daß ein Christ weniger durch seine „Aktionen" sündigt als durch „Reaktionen". Vielleicht liegt darin einer der Gründe dafür, daß Jesus uns angewiesen hat, die „andere Backe" hinzuhalten und die „zweite Meile" mitzugehen (siehe Matthäus 5,39.41). Er wußte, daß der Satan den Zorn eines unschuldigen Opfers zu zerstörerischen Zwecken einsetzen kann.

Wenn Zorn, der uns dazu veranlaßt, einen anderen Menschen zu verletzen, eindeutig schuldhaft ist, ist dann das Böse ausschließlich im aggressiven Akt selbst zu sehen? Wie steht es, wenn wir einen tiefen Haß in uns haben, der aber nie ans Licht kommt?

Johannes lehrt uns, daß Haß gegen den Bruder mit Mord gleichzusetzen ist (siehe 1. Johannes 3,15). So können wir durch innerlichen Zorn schuldig werden, auch wenn er sich nie im äußeren Verhalten zeigt.

WIE GEHT MAN MIT AGGRESSIONEN UM?

Viele Psychologen scheinen der Auffassung zu sein, jegliche Art von Aggression müsse ausgedrückt bzw. verbalisiert werden. Sie sagen, es sei emotional und psychisch schädlich, irgendein intensives Gefühl zu unterdrücken oder zurückzuhalten. Läßt sich diese Auffassung der Wissenschaftler mit der biblischen Forderung: „Ein jeglicher Mensch sei schnell zu hören, langsam aber zu reden, langsam zum Zorn", in Einklang bringen (Jakobus 1,19)?

Eines weiß ich mit absoluter Sicherheit: *In der Wahrheit ist Einigkeit.* Mit anderen Worten: wenn wir über einen bestimmten Sachverhalt alles wissen, wird es zwischen der Wissenschaft und der Bibel keine Unstimmigkeiten mehr geben. Wenn die Ergebnisse, zu denen wir aufgrund beider Quellen kommen, scheinbar in direktem Widerspruch zueinander stehen, wie das in bezug auf Aggressionen der Fall ist, so stimmt entweder unsere Interpretation der Heiligen Schrift nicht oder unsere wissenschaftliche Sicht ist falsch. Die Bibel irrt jedoch unter keinen Umständen. Sie ist eingegeben vom Schöpfer des Kosmos, und Er macht keine Fehler!

Im Hinblick auf die psychologischen Fragestellungen des Themas verdient die zur Zeit gängige Auffassung, aggressive Gefühle dürften nicht verdrängt oder verinnerlicht werden, durchaus Beachtung. Wenn *irgendein* starkes, negatives Gefühl aus dem Bewußtsein abgedrängt wird, während es in voller Stärke wütet, so kann es uns innerlich zerreißen. Der Prozeß, durch den wir Emotionen ins Unterbewußtsein abschieben, heißt „Verdrängung". Er birgt eine Gefahr für die Psyche. Der Druck, der durch die Verdrängung entsteht, wird sich gewöhnlich an anderer Stelle Luft machen, z. B. in Form von Depressionen, Angstzuständen, inneren Spannungen oder in einer ganzen Reihe anderer psychischer Störungen.

Andererseits haben meiner Ansicht nach Menschen, die im Dienste seelischer Gesundheit arbeiten, die oben erwähnte Notwendigkeit, diesen Dingen Beachtung zu schenken, bis zur Lächerlichkeit übertrieben. Auch bei Medizinern, Psychiatern, Psychologen, Juristen usw. gibt es Moderichtungen, wie überall, wo es um das Verhalten des Menschen geht. In den letzten 10 Jahren waren diejenigen, die in der psychologischen Praxis arbeiten, von dem Bedürfnis besessen, die Menschen Aggressionen und Ressentiments ausdrücken zu lassen. Man hat diesen Gefühlen die Schuld an fast allen emotionalen Störungen zugeschrieben. Es wurden zum Teil recht merkwürdige Empfehlungen für die Patienten daraus abgeleitet. Einige Therapeuten drängen ihre Patienten, so lange zu fluchen und mit der Faust auf den Tisch zu schlagen, bis der Ausdruck der Aggression als „natürlich" empfunden wird. Die gleiche Einstellung konnte ich in einer sechsten „Alternativ-Klasse" beobachten. An der Tafel stand: „Haß ist angestaute Aggression. Deshalb ist es schön, durchzudrehen." Ein weiteres Beispiel für diesen Trend ist ein Psychologiebuch, das weitverbreitet ist und sich mit „Selbstsicherheitstraining" befaßt. Es bietet Techniken an, mit deren Hilfe man sich durchsetzen und seine Rechte wahren kann. Auch die Emanzipationsbewegung der Frauen hat in ganz Amerika zur Gründung von „Gruppen zur Bewußtseinsbildung" geführt, die – als Reaktion auf die Dinge, die die Frauen als Beleidigung für ihr Geschlecht empfinden – intensive Haßgefühle erzeugen.

Zur Beantwortung unserer Frage müssen wir die Erkenntnis der Psychologie, daß Aggressionen nach außen abgegeben werden sollten, und die biblische Forderung, daß wir „langsam zum Zorn" sein sollen, miteinander in Einklang bringen. Ich für mich sehe hier eigentlich keinen Zielkonflikt. Gott will nicht, daß wir unseren Zorn verdrängen, indem wir ihn ungelöst ins Unterbewußtsein abschieben. Weshalb sonst sollte uns der Apostel Paulus lehren, daß wir uns von unserem Zorn lösen sollen, bevor die Sonne untergeht (siehe Epheser 4,26), wenn nicht um zu verhindern, daß sich im Laufe der Zeit zerstörerischer Haß aufstaut?

Wie können aber nun heftige aggressive Gefühle gelöst werden oder abgeleitet werden, ohne daß sie den Angreifer treffen – was die Heilige Schrift ja ausdrücklich verbietet? Gibt es andere Möglichkeiten, aufgestaute Emotionen freizusetzen? Ja, unter anderem folgende:

Möglichkeiten mit Zorn umzugehen :

- indem man die Aggressionen im Gebet vor Gott bringt;
- indem man die negativen Gefühle einer reifen und verständnisvollen dritten Partei auseinandersetzt, die Rat und Anleitung geben kann;
- indem man mit dem Geist der Liebe und der Vergebung auf den „Angreifer" zugeht;
- indem man einsieht, daß Gott oft die frustrierendsten und aufreibendsten Dinge zuläßt, um uns Geduld zu lehren und uns reifen zu lassen;
- indem man erkennt, daß *nichts*, was ein anderer Mensch einem antun kann, der eigenen Schuld Gott gegenüber gleichkommt. Er hat uns dennoch vergeben. Sind wir nun nicht auch verpflichtet, unseren Mitmenschen das gleiche Erbarmen entgegenzubringen?

Das sind nur einige wenige Regeln und Einstellungen, die uns von einem aggressiven Geist befreien können.

Die folgende Frage erreichte mich in einem Brief von jemandem, der tief betroffen war von den moralischen Fragen, die sich im Zusammenhang mit dem Ablassen von Aggressionen ergeben:

Ich wüßte gern Ihre Meinung zu einem Problem, das mich in jüngster Zeit stark beschäftigt. Ich war wegen eines Minderwertigkeitskomplexes, wegen geringer Selbstachtung, Schüchternheit, Unsicherheit und nervösen Störungen beim Psychologen. Ich hatte selbst beschlossen, dorthin zu gehen. Dann aber mußte ich meine Besuche in seiner Praxis aufgeben, weil ich kein Geld mehr hatte.

Er schien mir jedenfalls der Auffassung zu sein, meine Probleme kämen daher, daß ich meine Aggressionen nicht nach außen dringen lasse, weil ich Angst davor habe, Ablehnung zu erfahren. Er meint, daß ich Gefühle für mich behalte, die ich eigentlich herauslassen sollte. Auch bin ich alleinstehend und habe niemanden, der als Sündenbock herhalten könnte.

Mein Psychologe ist zwar Christ, aber sein Rat behagt mir nicht. Er scheint mir nicht richtig zu sein. Was sollte ich Ihrer Meinung nach tun? Vielen Dank für Ihre Mühe und für Ihren Rat.

Wenn ich auch nicht alle Informationen besitze, die der Psychologe hat, von dem hier die Rede ist, so denke ich doch, daß er das eigentliche Problem dieser jungen Frau nicht erkannt hat. Minderwertigkeitsgefühle resultieren zunächst einmal daraus, daß man sich von seinen Freunden und Bekannten nicht geliebt und geachtet fühlt. Dazu kommt es, weil man meint, als Mensch keinen Wert zu besitzen. Gewöhnlich wird dieses Gefühl dadurch ausgelöst, daß man sein Äußeres oder sein Inneres nicht angenommen hat („Ich bin häßlich!" oder „Ich bin dumm!"). Auch Benachteiligung im sozialen Bereich kann die Ursache dafür sein. Ein Mensch mit diesem erdrückenden Gefühl der Minderwertigkeit leidet zumeist unter den Folgen mangelhafter zwischenmenschlicher Beziehungen und braucht Hilfe, wenn er lernen soll, diese Freundschaften wieder aufzubauen.

Aus dieser Sicht braucht die Schreiberin des Briefes alles andere als die Anweisung, nach Hause zu gehen und jeden, der ihr in die Quere kommt, zu kratzen und zu beißen! Wenn sie den Rat dieses wohlmeinenden Psychologen annimmt, wird sie bald selbst einige Bißwunden davontragen, was sie sicher nicht selbstbewußter machen wird.

Statt dessen hätte ich versucht, ihr eine Antwort zu geben, die etwa folgendermaßen gelautet hätte: „Sie haben in Ihrem Leben viel durchmachen und es ganz alleine meistern müssen. Das ist für niemanden leicht. Deshalb möchte ich Ihnen von nun an helfen, diese Last zu tragen. Ich weiß nicht auf alle Fragen eine Antwort, aber auf einige. Wir werden jede neue Situation gemeinsam zu bewältigen versuchen. Vor allem möchte ich Ihnen zeigen, wie Sie besser mit anderen Menschen umgehen und deren Unterstützung gewinnen können. Bringen Sie von nun an Ihre schmerzlichsten Erfahrungen hierher, und wir werden gemeinsam systematisch daran arbeiten."

Ich habe großen Zorn und heftige Aggressionen gegen meinen Vater, weil er mir und meiner Mutter in meiner Kindheit so vieles angetan hat. Jahrelang habe ich gegen diese Gefühle gekämpft. Ich möchte ihn nicht verletzen, aber ich kann die Schmerzen nicht vergessen, die er mir und der übrigen Familie zugefügt hat. Wie kann ich mit diesem Problem fertigwerden?

Nachdem Sie die Sache Gott hingelegt und Ihn gebeten haben, Ihnen an diesem Punkt Heilung zu schenken, würde ich vorschlagen, daß Sie prüfen, aus welcher Perspektive Sie Ihren Vater beurteilen. Ich habe versucht, dies in meinem Buch „Das sollst du über mich wissen", darzulegen. Ich denke, die folgende Stelle daraus könnte vielleicht hilfreich sein:

Eine meiner Bekannten, die ich sehr gut kenne und sehr schätze, hat einen Vater, der ihr niemals tiefe Liebe gezeigt hat.

Wir wollen diese Frau hier einmal Martha nennen. Obwohl sie inzwischen erwachsen ist und selbst zwei Kinder hat, hofft sie immer noch, daß ihr Vater wird, was er nie gewesen ist. Aufgrund dieser Erwartungen erfährt Martha immer wieder Enttäuschungen und Frustrationen. Als ihr kleiner Sohn in seiner ersten Lebenswoche starb, blieb ihr Vater ungerührt und kam nicht einmal zur Beerdigung. Auch heute noch bekundet er wenig Interesse an Martha oder an ihrer Familie. Diese Situation hat im Laufe der Jahre in Martha tiefe Wunden und Narben hinterlassen.

Nachdem Martha mir wieder einmal in einem Brief über den letzten Konflikt mit ihrem Vater berichtet hatte (er weigerte sich, zur Hochzeit ihres Sohnes zu kommen), machte ich ihr einige Vorschläge, wie sie darauf reagieren könnte. Sie sagte, sie habe meinen Brief so hilfreich gefunden, daß sie ihn drei anderen Frauen gezeigt habe, die in ähnlicher Weise von anderen Menschen enttäuscht waren, die sie „links liegen ließen". Schließlich schickte sie mir eine Kopie meines Briefes zurück und bat mich, ihn später einmal in einem Buch zu verwenden, in dem es um dieses Thema geht. Ich schließe ihn an dieser Stelle an:

„Liebe Martha, ich bin von Tag zu Tag mehr davon überzeugt, daß Du bei vielem, was Du als Erwachsener tust, versuchst nachzuholen, was Dir in der Kindheit *versagt* geblieben ist. Je mehr uns die Dinge schmerzen, die unerfüllt geblieben sind, um so stärker ist unser Verlangen, sie später im Leben doch noch zu bekommen. Dein Vater hat die Aufgabe eines Vaters an seiner kleinen Tochter nie erfüllt und ihr nicht gegeben, was sie brauchte. Ich denke mir, daß Du immer noch darauf hoffst, daß er wie durch ein Wunder doch noch werden könnte, was er nie gewesen ist. Deshalb bist Du ständig von ihm enttäuscht. Du fühlst Dich durch sein Verhalten verletzt und erfährst seine Ablehnung. Ich denke mir, daß Du die Verletzungen weniger empfindlich spüren wirst, wenn Du akzeptierst, daß er Dir diese Liebe und Zuneigung und dieses Interesse niemals so entgegenbringen kann und wird, wie er es eigentlich sollte. Es wird für Dich nicht leicht sein, Dich in dieser Weise von ihm abzugrenzen. Es gibt auch manches aus meiner Kindheit, wo ich heute noch an mir arbeiten muß. *Aber es schmerzt weniger, nichts zu erwarten, als vergeblich zu hoffen.*"

„Ich schätze, daß die emotionalen Störungen Deines Vaters auf seine eigenen Erfahrungen in der Kindheit zurückzuführen sind. Man kann sie wahrscheinlich als seine besondere persönliche Behinderung betrachten. Wenn er blind wäre, würdest Du ihn trotz des fehlenden Sehvermögens lieben. In gewissem Sinne ist er emotional ‚blind‘. Er kann einfach nicht sehen, was Du brauchst. Er merkt nicht, daß er Dir wehtut, wenn er sich falsch verhält und Streit verursacht: wenn er nicht zur Beerdigung Deines Kindes kommt, kein Interesse daran hat, wie Du lebst, und nun auch bei Roberts Hochzeit nicht dabei sein möchte. Seine Behinderung macht es ihm *unmöglich*, Deine Gefühle und Erwartungen wahrzunehmen. Wenn es Dir gelingt, Deinen Vater anzunehmen als einen Menschen, der auf Dauer behindert ist – vermutlich weil er tief verletzt wurde, als *er* noch ein Kind war – dann wirst Du Dich vor der eisigen Kälte der Ablehnung schützen können.“

„Du hattest mich nicht gebeten, mich über dieses Thema auszulassen, und vielleicht sind meine Zeilen auch gar keine Antwort auf Deine eigentliche Frage. Es sind nur einfach die Gedanken, die mir beim Lesen Deines Briefes eingefallen sind.

Aber zumindest, liebe Martha, freuen *wir* uns auf die Hochzeit. Viele Grüße an Hans und Robert und an den ganzen ‚Verein‘ der Walters!“

Herzlichst Jim

Dieser Brief war für Martha eine Hilfe. Aber nicht, weil sich dadurch irgendetwas an den traurigen Umständen ihrer Situation geändert hätte. Ihr Vater ist heute genausowenig einfühlsam und verständnisvoll wie eh und je. Geändert hat sich die *Perspektive*, aus der Martha ihren Vater sieht. Sie betrachtet ihn heute als Opfer grausamer Erfahrungen, die er in seiner eigenen Kindheit gemacht hat und die seine empfindsame Seele damals erschüttert und geängstigt haben. Sie weiß inzwischen, daß er deshalb nach außen keine Gefühle zeigen kann. Nachdem sie diesen Brief erhalten hatte, erfuhr Martha, daß ihr Vater tatsächlich in seiner Kindheit einige traumatische Erlebnisse hatte. (Unter anderem hatte ihm seine Tante eiskalt eröffnet, daß sein Vater plötzlich gestorben war und ihm dann streng ins Gewissen geredet, daß er jetzt weinen müsse). Marthas Vater leidet also, wie ich vermutet hatte, an einer ‚Behinderung‘.[2]

Wieviel Selbstbeherrschung und christliches Verantwortungsbewußt-
sein kann man von einem Kind erwarten? Meine fünfjährige Tochter
zum Beispiel ist ein ziemlich passives Kind. Sie wird ständig von ande-
ren Kindern aus der Nachbarschaft geschlagen, getreten und gekratzt.
Ich habe sie gelehrt, nicht zurückzuschlagen, indem ich sie auf die
Worte Jesu in der Bibel hingewiesen habe. Trotzdem schmerzt es mich,
wenn ich sehe, wie sie geschlagen wird – manchmal von Kindern, die
viel kleiner sind als sie. Was können Sie mir raten?

Meine Ansichten in dieser Frage mögen umstritten sein, aber ich
habe sie gewonnen, indem ich kleine Kinder beim Spielen beobachtet
habe. Die Kleinen können bemerkenswert brutal und boshaft miteinander umgehen. Sie neigen dazu, ausschließlich an ihre eigenen Wünsche
zu denken, und provozieren Machtkämpfe, um ihren Willen durchzusetzen. In dieser Kampfatmosphäre ist es unrealistisch, von einem Kind
zu erwarten, daß es sämtliche Eigenschaften eines reifen Christen an
den Tag legt – daß es die andere Backe hinhält und die zweite Meile
mitgeht. Totale Passivität von ihm zu fordern heißt, ihm die Möglichkeit zu nehmen, sich in einer Welt zu verteidigen, in der nur Fäuste,
Zähne und fliegende Feuerwehrautos zählen.

Die Prinzipien der Heiligen Schrift sollten im Vorschulalter gelehrt
werden, indem man Wert auf offensives Verhalten legt und nicht auf
defensive Manöver. Mit anderen Worten: wir sollten viel dafür tun, daß
unsere Kinder lernen, andere nicht zu schlagen und zu verletzen und
christliche Nächstenliebe zu üben. Der zweite Teil dieser Gleichung
(Böses mit Gutem zu vergelten) erfordert größere Reife. Man sollte damit warten, bis das Kind etwas älter ist.

Ich habe das gleiche Thema in meinem Buch *Unsere Kinder sind un-*
möglich behandelt. Dort geht es darum, daß Kinder lernen, Macht und
Autorität zu respektieren. In diesem Zusammenhang habe ich das folgende Beispiel zitiert.

„Neulich beriet ich eine Mutter, die sich über die Unfähigkeit
ihrer Tochter, sich selbst zu verteidigen, Sorgen machte. Ein
Kind in ihrer Nachbarschaft schlug die dreijährige Anne bei der
geringsten Herausforderung ins Gesicht. Diese kleine Tyrannin
namens Jutta war sehr klein und mädchenhaft, aber sie bekam
nie den Stachel der Vergeltung zu spüren, weil Anne gelernt
hatte, daß sie nicht kämpfen darf. Ich empfahl Annes Mutter, ihr
zu sagen, sie solle zurückschlagen, wenn Jutta sie zuerst schlug.

Ein paar Tage später hörte die Mutter draußen einen lauten Streit und dann eine kurze Rauferei. Dann fing Jutta an zu weinen und ging nach Hause. Anne kam gleichgültig ins Haus, die Hände in den Taschen und erklärte: ‚Jutta hat mich gehauen, also habe ich ihr gesagt, nicht wieder zu schlagen'. Anne hatte das Prinzip ‚Auge um Auge, Zahn um Zahn' wirksam angewendet. Seit dieser Zeit spielen sie und Jutta viel friedlicher miteinander.

Im allgemeinen sollen die Eltern betonen, wie dumm das Kämpfen ist. Aber ein Kind zu zwingen, passiv dazustehen, während es verprügelt wird, heißt, es seinen kaltblütigen Kameraden auszuliefern."[3]

Ich habe eine Nachbarin, die sehr unglücklich ist. Sie kommt mit niemandem aus. Mit allen Menschen, die sie kennt, hat sie Streit. Ich hatte beschlossen, mich mit ihr anzufreunden, wenn es menschenmöglich wäre, und ich bin ihr von dieser Zeit an freundlich und zuvorkommend begegnet. Ich hatte gedacht, ich hätte auf diesem Weg Fortschritte gemacht, bis sie eines Tages an meiner Haustür klopfte und mich beschimpfte. Sie hatte etwas mißverstanden, was ich zu einer anderen Nachbarin gesagt hatte. Sie kam nun zu mir, um mir „die Meinung zu sagen". Diese Frau warf mir alle nur erdenklichen Gemeinheiten an den Kopf, einschließlich einiger sehr beleidigender Bemerkungen über meine Kinder, meinen Mann und unser Haus.

Ich war aufgebracht über ihren Versuch, mich zu verletzen, obwohl ich mich bemüht hatte, ihr mit Freundlichkeit zu begegnen. So reagierte ich gereizt. Wir stritten miteinander unter der Haustür, bis sie von dannen zog. Ich fühle mich heute unwohl bei dem Gedanken an diese Auseinandersetzung, aber ich weiß nicht, ob ich inzwischen besser damit fertigwerden könnte. Hätte ich anders reagieren sollen?

Vielleicht haben Sie inzwischen erkannt, daß Sie die beste Gelegenheit verpaßt haben, die sich Ihnen wahrscheinlich je geboten hat, um Ihr ursprüngliches Ziel zu erreichen: die Freundschaft zu dieser Frau. In Zeiten einer oberflächlichen Beziehung ist es schwer, jemanden davon zu überzeugen, daß man ihm Liebe und Achtung entgegenbringt. Im Gegensatz dazu können die christlichen Werte, nach denen man lebt, gerade in der Reaktion auf eine heftige Attacke in unmittelbarer Weise deutlich werden.

Was wäre wohl zum Beispiel geschehen, wenn Sie gesagt hätten: „Frau Groß, ich weiß nicht, was Sie gehört haben, aber es kann sich nur um ein Mißverständnis handeln. Kommen Sie doch bitte herein, dann können wir das Ganze bei einer Tasse Kaffee besprechen." Alles, was Sie in den vorhergehenden Monaten zu erreichen versucht haben, hätte vielleicht an diesem Vormittag in Erfüllung gehen können. Ich gebe zu, daß es viel Reife erfordert, wenn man auf Feindseligkeiten freundlich reagieren möchte. Aber von Jesus haben wir den Auftrag, gerade das zu tun. Er sagt in Matthäus 5,43.44: „Ihr habt gehört, daß gesagt ist: ‚Du sollst deinen Nächsten lieben und deinen Feind hassen.' Ich aber sage euch: Liebet eure Feinde; segnet, die euch fluchen, tut wohl denen, die euch hassen."

Ich wünschte, ich wäre reif genug gewesen, um dem wütenden Mann in besagtem Blumengeschäft mit diesem Geist Christi zu begegnen. Wenn ich heute an den Vorfall zurückdenke, kann ich durchaus verstehen, wie es dazu kam. Es gibt drei oder vier Feiertage im Jahr, die für einen Floristen äußerst anstrengend sind. Dazu gehört auch Ostern. Der arme Mann war wahrscheinlich überarbeitet und hatte zu wenig Schlaf bekommen. Als ich kam, muß er gerade körperlich an seinem Tiefpunkt gewesen sein. Außerdem ist Samstag nachmittags um 17.00 Uhr noch einmal ein besonders großer Kundenansturm. Ich entschuldige sein Verhalten nicht, aber es hatte eindeutige *Ursachen*, für die ich Verständnis hätte aufbringen müssen.

Heute, zehn Jahre später, sehe ich in ihm einen Mann, der sich sein Brot sauer verdienen mußte und für den Unterhalt seiner Familie zu sorgen hatte. Jesus liebt diesen Menschen, und ich habe das Gleiche zu tun. Wie wünschte ich, daß ich ihm in diesem Augenblick, da sich eine gute Möglichkeit dazu bot, mit der Liebe meines himmlischen Vaters begegnet wäre!

Was haben Sie den vielen Menschen zu sagen, die aufrichtig versuchen, ihre Gefühle im Zaum zu halten, die aber gereizt und enttäuscht werden, so daß sie dennoch von Zeit zu Zeit die Beherrschung verlieren? Wie kann man sich hier in der Hand haben? Oder ist das nicht möglich?

Ich habe bereits erwähnt, daß mich der Herr über einen Zeitraum von mehreren Jahren hinweg hinsichtlich meiner Einstellungen belehrt hat. Er führte mich in dieser Zeit auf behutsame, aber zielsichere

Weise. Er wies mich zurecht, wenn ich versagte, und sprach zu mir durch die Dinge, die ich las, hörte und erlebte. Dann, im Blumengeschäft, spitzte sich alles endgültig zu. Wie gesagt, es schien, als fragte mich der Herr in jenem konfliktgeladenen Augenblick: „Wirst Du mir jetzt gehorchen oder nicht?"

Nach meinen Erfahrungen führt uns der Herr mit großer Geduld und immer stärkerer Beharrlichkeit. Es beginnt damit, daß man auf einem Gebiet leichte Gewissensbisse hat. Gott möchte, daß man hier wächst und sicherer wird. Dann kommt es im Laufe der Zeit zu eindeutigem Versagen. Man ist sich bewußt, daß man Schuld auf sich geladen hat und vor Gott schuldig ist. Nach diesem Stadium kommt eine Phase, in der man die Bedeutung der Gebote Gottes besonders intensiv erlebt. Man hört, wie Er (vielleicht unmerklich) durch die Predigt des Pfarrers am Sonntagmorgen zu einem spricht oder durch ein Buch, das man gerade liest. Manchmal sagt Er uns auch etwas durch die weltlichen Sendungen von Radio und Fernsehen. Es scheint, als sei die ganze Welt so geordnet, daß sie uns die gleiche Ordnung Gottes kundtut. Schließlich kommt man in eine Krisensituation und an einen Punkt, wo Gott sagt: „Du kennst meinen Willen. Jetzt mußt Du danach *handeln.*"

Das Wachsen eines Christen im geistlichen Leben hängt von seinem Gehorsam in solchen Krisenzeiten ab. Der Gläubige, der diese neue Verpflichtung trotz der eindeutigen Gebote Gottes nicht annimmt, wird unweigerlich geistlich verkümmern. Von jenem Augenblick an beginnt er, sich von seinem Herrn wegzubewegen. Der Christ jedoch, der auf die Herausforderung positiv reagiert, so schwer es ihm auch fallen mag, dem sind Wachstum und geistliche Erkenntnis sicher.

John Henry Jowett hat einmal gesagt: „Der Wille Gottes wird dich niemals irgendwo hinführen, wo dich die Gnade Gottes nicht halten kann." Das heißt, daß der Herr nichts von uns verlangen wird, worin Er uns nicht auch unterstützen will.

Ich hoffe, daß diese Antwort all denen eine Ermutigung sein wird, die auf dem Gebiet der Selbstbeherrschung zu kämpfen haben. Die Erfahrungen, die wir als Christen machen, bedeuten nicht, daß wir ein leichtes Leben haben – das verspricht uns die Bibel auch nirgends. Es gehört große Disziplin dazu, die Feinde zu lieben, ein konsequentes Gebetsleben zu führen, sexuelle Beherrschung zu üben, von seinem Einkommen für die Arbeit im Reich Gottes etwas abzugeben – um nur einige von vielen wichtigen Bereichen christlicher Verantwortung zu nennen. Gott erwartet nicht von uns, daß wir uns sofort überall wie reife Christen verhalten, aber wir sollen uns beständig um geistliches Wachstum und um Fortschritte auf geistlichem Gebiet bemühen. Das Schöne daran ist, daß wir in diesem Kampf nicht auf uns alleine gestellt sind. Der Heilige Geist erbarmt sich über uns, „wie sich ein Vater über Kinder erbarmt" (Psalm 103,13), und Er führt und leitet uns behutsam auf den Wegen der Gerechtigkeit.

ASPEKTE DES ZORNES

Im folgenden wollen wir uns noch einmal die wichtigsten Aspekte in Erinnerung rufen, die zum Thema „Zorn" gehören:

1. Heftige aggressive Gefühle werden von biochemischen Prozessen im Körper begleitet, die oft vegetativ ausgelöst werden.

2. Mit dem Wort „Zorn" werden eine ganze Reihe verschiedener Empfindungen bezeichnet. Einige dieser Gefühle, wie zum Beispiel Reaktionen, die durch Frustration, Müdigkeit, Verunsicherung oder Ablehnung hervorgerufen werden, können auch vor Gott nicht schuldhaft sein.

3. Fleischlicher Zorn dagegen wird durch die Natur des Bösen ausgelöst, die die ganze Menschheit geerbt hat. Diese Art von Aggression ist geprägt von Gefühlen wie Rachsucht, Feindseligkeit, Groll und von dem Wunsch, den anderen Menschen zu verletzen oder ihm zu schaden. Die Bibel verurteilt eine solche Haltung, ganz gleich, ob sie nur unterschwellig vorhanden ist oder offen zum Ausbruch kommt.

4. Es kann für das geistliche Leben des Christen eine größere Gefahr bedeuten, wenn er verletzt wird, als wenn er derjenige ist, der im Unrecht ist. *Nichts* rechtfertigt eine verbitterte Reaktion.

5. Starke negative Gefühle sollten nicht unterdrückt oder verdrängt werden, sondern in einer Art und Weise abreagiert werden, die geistlich nicht zerstörend wirkt und keinem anderen Menschen schadet.

6. Quälende aggressive Gefühle können oft dadurch beruhigt oder beseitigt werden, daß man erkennt, wie verletzlich und schwach derjenige ist, der einem Unrecht tut. Das ist die „christliche Sicht". Sie kann durch die Hilfe des Heiligen Geistes erlernt werden.

7. Christen unterscheiden sich in dem Maße voneinander, wie sie in ihrem Verhalten die Eigenschaften einer reifen Beziehung zu Gott zum Ausdruck bringen. Wer dazu bereit ist, wird vom Heiligen Geist zu einer größeren Christusähnlichkeit geführt.
8. Es gibt keine bessere Möglichkeit, unseren Mitmenschen Christus nahezubringen, als mit Liebe zu reagieren, obwohl wir eindeutig ungerecht behandelt oder angegriffen werden. In solchen Situationen wird der Unterschied zwischen christlicher Liebe und den Werten dieser Welt am deutlichsten sichtbar.

„Ein jeglicher sei gesinnt, wie Jesus Christus auch war." (Philipper 2,5).

ÜBUNGS- UND DISKUSSIONSFRAGEN

Was ist Zorn? Wann ist dieses Gefühl Sünde?
1. Nachdem Dr. Dobson den Vorfall im Blumengeschäft erzählt hat, stellt er die Frage: „Ist jedes Gefühl von Zorn Sünde?" Was ist Ihre Meinung dazu? Warum?
2. Erinnern Sie sich bitte an drei Situationen, in denen Sie wütend wurden. Denken Sie darüber nach, wie Sie Ihrem Ärger Luft gemacht haben. Was taten Sie? Wie würden Sie Ihre Reaktionen im einzelnen bezeichnen: als beherrscht oder als unbeherrscht?
Welche Anregungen zum Umgang mit Aggressionen finden Sie in Epheser 4,26.27?
3. Dr. Dobson meint: „Wir sollten bedenken, daß Zorn nicht nur eine gefühlsmäßige Angelegenheit ist – er ist auch biochemisch bedingt." Heißt das, daß sich aggressive Gefühle manchmal unserer Kontrolle entziehen? Wie steht es mit aggressivem Verhalten? Was sagt Psalm 37,8 über ein Handeln aus Zorn?
4. Warum ist es eine gute Idee, bis zehn (oder bis 100) zu zählen, wenn man wütend ist? Inwiefern haben Sie dadurch biochemisch gesehen einen Vorteil? Welche Bedeutung hat hier Sprüche 29,11?
5. Bei der Definition von Zorn nennt Dr. Dobson vier Dinge, die aggressive Gefühle auslösen. Zählen Sie diese bitte auf. An welchen dieser Punkte haben Sie eigene Erfahrungen gemacht? Welche Anregungen gibt Ihnen Galater 5,22.26 zur Bewältigung aggressiver Gefühle, die aufgrund von extremer Müdigkeit, Verunsicherung, Frustration und erfahrener Ablehnung entstanden sind?

6. Lesen Sie bitte Römer 7,21, und machen Sie eine Zeichnung oder eine Skizze, die verdeutlicht, was Ihnen dieser Vers aus der Heiligen Schrift im Hinblick auf Ihre eigenen Erfahrungen mit der Selbstbeherrschung beim Zorn zu sagen hat.

7. Fertigen Sie aufgrund folgender Schriftstellen eine Liste an mit fünf oder mehr Ausdrucksformen von Aggressionen, die das Wort Gottes verurteilt: Kolosser 3,8; Epheser 4,31; Sprüche 29,22.

8. Welche Aussage macht Jakobus 1,19.20 über den Zorn aus der Sicht Gottes?

Wie geht man mit Aggressionen um?

1. Beschreiben Sie bitte in wenigen Sätzen eine Situation, in der Sie vor kurzem wütend wurden. Wie hätten sie damit umgehen müssen, wenn Sie sich nach dem Prinzip „Aggressionen sollten ausgelassen, und Zorn sollte ausgelebt werden" verhalten hätten, das von vielen Psychologen empfohlen wird? Wie hätten Sie in der gleichen Situation reagieren können, wenn Sie sich an dem biblischen Grundsatz: „sei langsam zum Zorn" orientiert hätten? Sprechen Sie mit jemandem oder mit Ihrer Gruppe darüber. Lassen sich in einer Situation beide Prinzipien anwenden? Wie?

2. Sind die folgenden Aussagen nach Dr. Dobson richtig oder falsch?

● Auch wenn man im Recht ist, kann man eine falsche Einstellung haben.

● Wenn jemand anderes auf einen wütend ist, so kann die eigene feindliche, verbitterte Reaktion gerechtfertigt sein.

● Ein Christ sollte seinen Zorn auf jeden Fall unterdrücken und es vermeiden, aggressive Gefühle zum Ausdruck zu bringen.

● Das Wissen um die Probleme des anderen Menschen hilft einem, Wut und negative Gefühle unter Kontrolle zu halten. Besprechen Sie jede Aussage und Ihre Antwort mit einem Partner oder in der Gruppe.

3. Die Bibel sagt eine ganze Menge über das Gefühl von Zorn und Grimm und über aggressives Verhalten. Studieren Sie bitte die im folgenden genannten Bibelstellen. Unterstreichen Sie dabei die Gedanken, die Ihnen persönlich beim Umgang mit Gefühlen wie Zorn und Grimm helfen können: Psalm 4,4; Sprüche 14,29; 15,1.18; 19,11 und 29,11; Prediger 7,7-9; Matthäus 5,22; Römer 12,19.21; 14,13; Epheser 4,26.31.32; Kolosser 3,8.10.

4. Leiden Sie unter Verbitterung und aggressiven Gefühlen, von denen Sie freikommen möchten? Versuchen Sie es. Lesen Sie Galater 5,22.23; Matthäus 7,1 und Römer 14,13. Beten Sie dann, und danken Sie Gott für die Zusage Seiner Vergebung. Bitten Sie Ihn, daß Er Ihnen, statt der Kritik am anderen, die Früchte Seines Geistes schenkt.

5. Entscheiden Sie sich für einen oder zwei der folgenden Vorschläge, die Ihnen helfen sollen, wenn Sie von Verbitterung und aggressiven Gefühlen freiwerden wollen: a) Zählen Sie persönliche Gründe auf, warum Sie Ihren Zorn über eine bestimmte Situation loswerden wollen. b) Entscheiden Sie, welcher davon am wichtigsten ist, und unterstreichen Sie ihn. c) Überlegen Sie zwei konkrete Möglichkeiten, wie Sie sich anders verhalten könnten. d) Lernen Sie Epheser 4,30-32 auswendig oder schreiben Sie diese Verse ab, und hängen Sie sie an einer Stelle auf, wo Sie sie häufig sehen.

6. Dr. Dobson sagt, wer andere Menschen mit ihren Eigenarten annehmen könne, neige weniger dazu, aggressive Gefühle zu entwikkeln. Diskutieren Sie diese Auffassung mit Ihrem Gesprächspartner oder in Ihrer Gruppe. Sind Sie gleicher oder anderer Meinung wie Dr. Dobson? Aus welchen Gründen? Es klingt so einfach, „jemanden anzunehmen, wie er ist". Ist es wirklich einfach? Oder ist es schwierig? Wieso? In welcher Weise fordert uns Johannes 15,12 als Christen auf, andere Menschen anzunehmen?

7. Nach Dr. Dobson stellt Selbstbeherrschung im Zorn eine günstige Gelegenheit dar, anderen Liebe und Achtung zu zeigen. Können Sie sich an eine Situation erinnern, wo Sie auf jemanden in Ihrer Familie wütend waren und die Chance hatten, ihm mit Liebe und Achtung zu begegnen? Wie haben Sie diese Chance genutzt? Können Sie sich vorstellen, daß Sie auf die gleiche Person noch einmal wütend sein werden? Wie werden Sie dann reagieren? Wie kann man, obwohl man wütend ist, dem anderen Liebe und Achtung erweisen?

Dr. Dobson meint, daß wir als Christen bedenken sollten: „Gott erwartet nicht von uns, daß wir uns sofort überall wie reife Christen verhalten, aber wir sollen uns beständig um geistliches Wachstum und um Fortschritte auf geistlichem Gebiet bemühen." Notieren Sie, welche Ziele Sie für Ihr persönliches geistliches Wachstum haben, und wie Sie in den Beziehungen innerhalb Ihrer Familie besser mit Aggressionen umgehen können.

Anmerkungen:

[1] Andere theologische Positionen in dieser Frage lauten: das Böse im Wesen des Menschen kann erst nach dem Tode im Fegefeuer geläutert werden; wir werden von der erbten Verderbtheit in der Stunde und beim Eintritt des Todes gereinigt; die mit der Sünde behaftete menschliche Natur wird beherrscht, wenn sich der Mensch Christus anvertraut und durch das Werk des Heiligen Geistes geheiligt wird; eine Läuterung wird in einem geistlichen Wachstumsprozeß über viele Jahre hinweg durch den Heiligen Geist erreicht.

[2] Dobson, James, *„Das solltest du über mich wissen"*, Schulte und Gerth, Wetzlar, 1981 Seite 201-203.

[3] Dobson, James, *Unsere Kinder sind unmöglich*, Editions Trobisch, Kehl, 1982, Seite 173.

TEIL IV

DAS BEWERTEN VON EINDRÜCKEN

- Können wir uns auf unsere Gefühle verlassen, wenn es um das Erkennen des Willens Gottes geht?
- Unter welchen Bedingungen spricht Gott direkt zum Herzen des Menschen?
- Spricht manchmal auch der Satan direkt zum Menschen? Wenn ja, wie können dann beide Stimmen voneinander unterschieden werden?
- Welche Rolle spielen Müdigkeit und Krankheit für das Bewerten von Eindrücken?
- Wie können wichtige Entscheidungen getroffen werden, ohne daß sie sich zu sehr auf unbeständige Gefühle stützen?

KANN MAN DEN WILLEN GOTTES ERKENNEN?

Wie finden wir den besonderen Willen Gottes für unser Leben heraus? Das ist vielleicht *die* entscheidende Frage, die sich uns als Christen stellt, denn darin liegt der Schlüssel zum Gehorsam. Wir können Gott kaum gehorchen, wenn wir uns in unseren täglichen Erfahrungen über Seine Führung nicht im klaren sind. Aber wie können wir die Absichten Gottes mit absoluter Sicherheit erkennen? Mit welcher Methode läßt sich feststellen, was er von uns möchte? Woher wissen wir, ob Ihm unsere Einstellungen, unser Familienleben und unser Lebensstil gefallen?

Nach meinen Gesprächen mit Christen zu urteilen, wird der Wille Gottes meistens anhand von inneren Gefühlen und Eindrücken bestimmt. „Ich habe einfach gespürt, daß Gott es von mir wollte", ist eine typische Erklärung. So kann ein flüchtiges Gefühl oder ein unterschwellig vorhandener Eindruck einen Menschen dazu veranlassen, eine Arbeitsstelle anzunehmen oder abzulehnen, in eine andere Stadt zu ziehen, zurück zur Universität zu gehen oder gar, sich in eine Ehe zu stürzen. Aus dem geringsten Hinweis schließen wir: „Gott sagt mir" oder „Gott schickt mich" oder „Gott verlangt von mir". Aber wie zuverlässig sind solche Eindrücke? Spricht Gott immer durch diese innere Stimme? Ist es möglich, eine falsche Weisung vom Herrn zu „hören"?

In diesem Kapitel wollen wir über die geistigen und geistlichen Kräfte sprechen, die unser Verständnis von der besonderen Führung und Leitung Gottes beeinflussen.

WARUM MAN SICH AUF INNERE GEFÜHLE UND EINDRÜCKE NICHT VERLASSEN KANN

Können Sie anhand einiger Beispiele zeigen, wie innere Gefühle und Eindrücke jemanden irreführen und verwirren können, der aufrichtig dem Herrn zu dienen versucht?

Das Thema „Eindrücke" erinnert mich immer an jenen aufregenden Tag, da ich meine Ausbildung an der Universität von Southern California beendete und mir der Doktortitel verliehen wurde. Meine Professoren gratulierten mir händeschüttelnd, und ich verließ den Campus mit dem Preis in der Hand, den ich mit so viel Fleiß angestrebt hatte. Ich dankte Gott an diesem Tag, als ich mit dem Auto auf dem Heimweg war, für den sichtbaren Segen, den Er auf mein Leben gelegt hatte, und bat Ihn, mich nach Seinem Willen zu gebrauchen. Der Herr schien mir sehr nahe zu sein, als ich so in meinem kleinen roten Volkswagen Zwiesprache mit Ihm hielt.

Plötzlich, als ich um eine Ecke bog (ich erinnere mich noch genau an die Stelle), hatte ich auf einmal das Gefühl, ganz klar die folgende Botschaft zu hören: „Du wirst jemanden, der Dir sehr nahe steht, innerhalb des nächsten Jahres verlieren. Ein enges Familienmitglied wird sterben. Sei aber nicht traurig, wenn es geschieht. Vertraue Mir, und verlasse Dich einfach weiter auf Mich."

Da ich weder an den Tod noch an irgendetwas anderes gedacht hatte, das das plötzliche Auftauchen dieser Vorahnung hätte erklären können, erfaßte mich bei diesem Gedanken große Angst. Mein Herz schlug schneller, als ich darüber nachdachte, wer vielleicht sterben könnte und wie wohl sein Ende kommen würde. Trotzdem erzählte ich niemandem von meinem Erlebnis, als ich am Abend nach Hause kam.

Ein Monat verging ohne tragisches Ereignis und ohne den Verlust eines Menschen. Zwei und drei Monate gingen dahin und immer noch hatte die Hand des Todes unsere Familie nicht berührt. Schließlich kam und ging der Jahrestag meines morbiden Eindruckes, ohne daß etwas geschehen wäre. Es sind inzwischen mehr als zehn Jahre seit jenem furchterregenden Ereignis in meinem Volkswagen vorbei, und weder in meiner Familie noch unter den nächsten Angehörigen meiner Frau ist es zu irgendwelchen schlimmen Ereignissen gekommen. Mein Eindruck hat sich als falsch erwiesen.

Durch meine spätere seelsorgerliche Erfahrung und berufliche Tätigkeit habe ich erkannt, daß mein Erlebnis von damals kein Einzelfall war. Ähnliche Eindrücke sind häufig, besonders bei Menschen, die die Herausforderungen des Lebens nur schwer annehmen können.

So kam zum Beispiel eine 30jährige Ehefrau und Mutter wegen ständiger Angstgefühle und Depressionen zu mir in die Behandlung. Als sie ihre Lebensgeschichte erzählte, beschrieb sie einen Vorfall, der sich in einem Gottesdienst ereignet hatte, als sie 16 Jahre alt war. Gegen Ende der Predigt „hörte" sie von Gott die erschreckende Botschaft: „Christa, ich will, daß Du stirbst, damit andere zu Mir kommen."

Christa empfand eine tödliche Furcht. Ihr war, als stehe sie kurz vor ihrer Hinrichtung. In panischer Angst sprang sie von ihrem Stuhl auf und floh laut schluchzend aus dem Gebäude. Christa meinte, sie würde eine Sünde begehen, wenn sie irgend jemandem von ihrem Erlebnis erzählen würde; so behielt sie es für sich. Nahezu 20 Jahre hatte sie auf die Vollstreckung des göttlichen Urteils gewartet, immer noch in Angst vor diesem letzten Augenblick. Trotzdem befand sie sich auch viele Jahre später noch bei bester Gesundheit.

Es sind nicht nur Vorahnungen eines zu erwartenden Todes, die sich manchmal als unzuverlässig herausstellen, auch andere scheinbare Willensäußerungen Gottes können mißverstanden werden. Im Kapitel über romantische Liebe habe ich einen Studenten erwähnt, der mitten in der Nacht aus einem Traum erwachte und den klaren Gedanken hatte, er solle eine bestimmte junge Frau heiraten. Sie hatten sich vorher erst ein- oder zweimal getroffen und kannten einander kaum – und dennoch, „Gott" versicherte ihm: „Das ist sie!" Am nächsten Morgen rief er seine Mitstudentin an und erzählte ihr von seinem mitternächtlichen Erlebnis. Das Mädchen spürte keinen ähnlichen Impuls, wollte sich aber einer so eindeutigen Äußerung des Willens Gottes nicht widersetzen. Die beiden jungen Leute wurden wenig später getraut und haben die Qual einer unglücklichen und von Problemen geschüttelten Ehe durchgemacht.

Aus den hier erwähnten Beispielen und aus Dutzenden mehr habe ich gelernt, daß die Interpretation von Eindrücken bestenfalls als riskantes Unternehmen zu betrachten ist.

Wollen Sie damit sagen, daß Gott nicht direkt zum Herzen des Menschen spricht – daß alle unsere Wahrnehmungen falsch und unzuverlässig sind?

Gewiß nicht. Es ist das ausdrückliche Ziel des Heiligen Geistes, mit Menschen in einer höchst persönlichen und eigenen Weise umzugehen, im Anklagen, Führen und Beeinflussen. Doch manche Menschen finden es sehr schwer, die Stimme Gottes von anderen inneren Eindrücken zu unterscheiden.

Stehen einige dieser „anderen inneren Eindrücke" für den Einfluß des Satans?

In 2. Korinther 11,14 heißt es, daß der Teufel als „Engel des Lichtes" zu uns kommt; das heißt, daß er das Werk des Heiligen Geistes bekämpft. Deshalb beschreibt ihn die Bibel mit den denkbar schlechtesten Attributen und läßt hinsichtlich seiner Motive und seiner Natur nicht den geringsten Zweifel bestehen. Sein Charakter wird als häßlich, böse, hinterhältig, durchtrieben, brutal und grausam beschrieben. Er wird geschildert als Wolf, als brüllender Löwe und als Schlange. Wir kennen für den Satan unter anderem folgende Umschreibungen: „Mörder", „Lügner", „Fürst der Dämonen" und über 20 weitere Namen, die ein boshaftes und unvergleichlich häßliches Wesen beschreiben.

Diese biblischen Beschreibungen des Satans sind nicht ohne Absicht festgehalten worden: Wir sollten nicht vergessen, daß der „Vater der Lüge" seinen Ruf auf Kosten derer erworben hat, die er in die Verdammnis geführt hat! Und ich habe keinen Zweifel daran, daß er oft zerstörerisch wirkende innere Erfahrungen benutzt, um seine bösen Ziele zu verwirklichen.

Sie sagen, daß Sie die Ahnung eines bevorstehenden Todes befiel, während Sie beteten. Ist es dem Satan wirklich möglich, mitten in ein ernstes Gebet hineinzusprechen?

Wurde nicht Jesus vom Satan versucht, als er sich 40 Tage lang zum Beten und Fasten in der Wüste aufhielt?
Ja, der Teufel kann jederzeit sprechen. Lassen Sie mich noch einen Schritt weitergehen: schädliche Eindrücke können auch andere Kennzeichen göttlicher Offenbarung tragen. Sie können je nachdem monatelang auftauchen und sich wiederholen. Sie können so stark sein wie jedes andere Gefühl im Leben. Sie können durch christliche Freunde als richtig empfunden und sogar anhand besonderer Stellen der Heiligen Schrift scheinbar bestätigt werden.

Können Sie ein Beispiel dafür nennen, wie der Satan eine falsche Vorstellung benutzt, um geistlichen Schaden zu verursachen?

Ein Vater von sechs Kindern wurde Christ und verspürte in seiner geistlichen Unreife den „Ruf", Pfarrer zu werden. In der darauffolgenden Woche gab er seine Arbeitsstelle auf, obwohl er keine finanziellen Rücklagen und kaum das Nötigste hatte, um für seine Frau und für seine Kinder sorgen zu können. Der letzte Pfennig wurde zusammengekratzt, damit die Familie ans andere Ende des Staates ziehen konnte, um dem Vater den Besuch der theologischen Fakultät zu ermöglichen. Von Anfang an folgte eine Katastrophe der anderen. Krankheit der Kinder, Probleme bei der Bewältigung des Lernstoffes, Unruhen an der Universität, körperliche Erschöpfung und Eheschwierigkeiten belasteten das Leben von Tag zu Tag mehr, bis es völlig unerträglich wurde. Schließlich gab der Familienvater sein Studium auf und gestand sich ein, daß er einen sehr großen Fehler begangen hatte. Was jedoch noch wichtiger war: sein geistlicher Eifer war inzwischen erloschen – eine Lektion, die von seinen sechs Kindern sehr sorgfältig beobachtet wurde. (Ich muß noch betonen, daß der „Ruf" dieses Mannes, Pfarrer zu werden, durchaus echt gewesen sein könnte. Die Schwierigkeiten, denen er begegnete, sind nicht unbedingt ein Gegenbeweis dafür. Rein menschlich gesehen aber scheint es, daß er auf seine Gefühle und inneren Regungen sehr unüberlegt und unklug reagierte).
Der Christ, der seine eigenen Eindrücke unbedacht – unkritisch – hinnimmt, ist äußerst empfänglich für die Angriffe des Satans. Er ist ge-

zwungen, jeder Versessenheit nachzugehen, so lächerlich oder fordernd sie auch sein mag. Er wird beherrscht von einer zarten inneren Stimme, die ihn mahnt: „Tu dies oder das", und die ihm Urteilsfähigkeit und Vernunft nimmt.

Produzieren wir manche unserer Eindrücke und Gefühle selbst?

In gewisser Weise gilt das für alle Gefühle. Ich meine damit, daß alle unsere Impulse und Gedanken zu irgendeinem gegebenen Zeitpunkt durch unsere körperliche Verfassung und unsere seelische Situation beeinflußt werden können. Sie haben sicherlich schon beobachtet, daß Ihre Sicht der Dinge davon beeinflußt wird, wie lange Sie in der vorhergehenden Nacht geschlafen haben, wie sehr Sie sich zu diesem Zeitpunkt geborgen fühlen, und von Dutzenden von anderen Momenten, die während des Entscheidungsprozesses auf Sie einwirken. Wir sind in diesen „irdenen Gefäßen" gefangen, und unsere Wahrnehmung ist unausweichlich von unserem Menschsein gefärbt.

Ich frage mich manchmal, ob mir meine Gefühle nicht ganz genau das sagen, was ich am liebsten hören möchte. Ich fühlte mich zum Beispiel sehr stark gedrängt, eine neue Arbeitsstelle anzutreten, bei der ich einen höheren Verdienst und eine kürzere Arbeitszeit angeboten bekam.

Das erinnert mich an den Pfarrer, der in eine Gemeinde berufen wurde, die viel größer und lebendiger war, als jede, die er sich als seine Gemeinde hätte vorstellen können. Er antwortete, als er gefragt wurde: „Ich werde darüber beten, während meine Frau schon einmal die Koffer packt."

Es ist sehr schwer, das eigene Wollen von der Erkenntnis des Willens Gottes zu trennen. Oft wird sich der Mensch in seinem Denken und Fühlen alles mögliche einreden, um schließlich doch seinen eigenen Willen durchzusetzen. Das einleuchtendste Beispiel für diese Form von Selbstbetrug ist jenes junge Paar, das sich zu vorehelichem Geschlechtsverkehr entschloß. Der junge Mann und die junge Frau kamen beide aus einem christlichen Elternhaus. Also mußten sie eine Möglichkeit finden, wie sich die Schuldgefühle bei diesem verbotenen Akt verringern ließen. So gingen sie also tatsächlich auf die Knie und beteten über ihrer Absicht. Sie bekamen die „Zusicherung", ruhig weitermachen zu dürfen!

*Ich habe festgestellt, daß geistliche Entmutigung und Niedergeschla-
genheit viel eher auftreten, wenn ich müde bin, als wenn ich ausge-
schlafen habe. Ist das auch bei anderen Menschen so?*

Wenn jemand erschöpft ist, erfassen ihn wieder Gedanken und Vorstellungen, die er längst überwunden zu haben glaubt. Der große ehe-
malige Trainer der Fußballmannschaft „Green Bay Packers", Vince
Lombardi, erzählte seiner Mannschaft einmal, warum er so großen
Wert darauf legte, daß die Spieler körperlich ausgeruht waren. Er
sagte: „Müdigkeit macht jeden von uns zum Feigling." Und damit hatte
er vollkommen recht. Wenn die Vorräte menschlicher Energien erschöpft sind, so ist unsere Fähigkeit, uns gegen quälende Gedanken
und wilde Wahrnehmungen zu wehren, stark herabgesetzt.

*Sie sprachen von dem jungen Mann, der träumte, er solle eine be-
stimmte Frau heiraten. Redet Gott heute überhaupt noch in Träumen
zu uns?*

Ich weiß es nicht. Er benutzte diese Möglichkeit der Kommunikation
sicher zur Zeit des Alten Testaments. Es scheint mir jedoch, daß Er seit
dem Kommen des Heiligen Geistes weniger durch Träume spricht,
denn der Heilige Geist ist uns als Quelle der Erleuchtung gesandt (vgl.
Johannes 16).
Auch zu früheren Zeiten bezeichnete Jeremia die Träume als „Stück-
werk" im Vergleich zum Wort Gottes. Ich persönlich würde einen
Traum niemals als echt betrachten, so klar er mir auch erschienen sein
mag, solange er in seinem Inhalt nicht in anderer Form bestätigt würde.

*Was meinen Sie, wenn Sie sagen „in anderer Form bestätigt
werden"?*

Ich meine damit, daß die „Führung", die ich in meinem Traum erhalten hätte, durch andere Informationen bestätigt werden müßte.
Wenn ich zum Beispiel träumen würde, ich solle als Arzt und Missionar
nach Afrika gehen, so sollte ich noch einige Aspekte darüberhinaus bedenken, bevor ich meine Koffer packe: Bin ich auf diese Aufgabe
durch meine Ausbildung, meine Erfahrungen und meine Interessen
vorbereitet? Habe ich eine konkrete Einladung erhalten? Bot sich direkt eine Möglichkeit an?

John Wesley schrieb im neunzehnten Jahrhundert: „Schreibe nicht zu schnell Gott etwas zu. Vermute nicht leichtfertig, daß Träume, Stimmen, Eindrücke, Visionen oder Offenbarungen von Gott kommen. Sie können von Ihm sein. Sie können durch die Natur bedingt sein. Sie können vom Teufel sein. Deshalb glaube nicht jedem Geist, sondern ‚prüfe die Geister, ob sie von Gott sind'."

Aus psychologischer Sicht scheinen Träume zwei Funktionen zu erfüllen: Sie sind ein Spiegel unserer Wünsche, sie drücken aus, wonach wir uns sehnen, und sie dienen der Verarbeitung von Ängsten und Belastungen, denen wir im Wachzustand ausgesetzt sind. Unter rein psychologischen Aspekten dienen Träume auch dazu, uns weiterschlafen zu lassen, wenn wir dabei sind, aufzuwachen. Träume werden heute durch Untersuchungen in Laboratorien erforscht. Dennoch wissen wir wenig über das Wesen des Traumes.

Wenn unsere Gefühle und Wahrnehmungen so unzuverlässig und gefährlich sind, wie können wir dann überhaupt den Willen Gottes erfahren? Wie kann man zwischen der Führung des Heiligen Geistes und der subtilen, bösen Einflußnahme des Satans unterscheiden?

Lassen Sie mich ein ermutigendes Wort aus der Heiligen Schrift aufgreifen:

Es geht um die Macht Christi, uns in der Versuchung zu helfen: „Denn worin er selber gelitten hat und versucht ist, kann er denen helfen, die versucht werden" (Hebräer 2,18).

Und zur Macht Gottes, uns Seinen Willen kundzutun:

„Unermüdlich danke ich Gott dafür. Ich denke immer an euch in meinen Gebeten. Ich bitte den Gott unseres Herrn Jesus Christus, den Vater, dem alle Macht und Hoheit gehört, euch Weisheit zu geben, so daß ihr ihn und seinen Plan erkennen könnt. Er öffne euch die Augen, damit ihr das Ziel seht, zu dem ihr berufen seid. Dann werdet ihr erkennen, welch ein reiches und herrliches Geschenk Gott für sein Volk bereithält. Ihr werdet erkennen, wie überwältigend groß die Kraft ist, mit der er in uns, den Glaubenden, wirkt" (Epheser 1,16-19; Gute Nachricht).

Über die Macht Gottes über den Satan heißt es:

„Aber ihr gehört zu Gott, meine Kinder, und habt die falschen Propheten besiegt. Der Geist, der in euch wirkt, ist mächtiger als der Geist, der die Welt regiert" (1. Johannes 4,4; Gute Nachricht).

Das Versprechen Gottes, uns zu führen und zu leiten, lautet:
„Ich will dich unterweisen und dir den Weg zeigen, den du gehen sollst; ich will dich mit meinen Augen leiten" (Psalm 32,8).

In paraphrasierter Form geben uns diese vier Schriftworte folgende Zusagen:

1. Jesus ist vom Satan versucht worden, als Er auf der Erde lebte, so daß Er nun mit ihm an unserer Stelle ringen kann.

2. „Weisheit" und „geöffnete Augen" werden uns von Gott, dem Herrn des ganzen Kosmos, geschenkt.

3. Der Einfluß des Satans wird überwunden durch die Allmacht Gottes, der in uns lebt.

4. Gott wird unsere Schritte lenken, wie ein Vater sein Kind führt, das sich ihm anvertraut; der Herr wird uns Weisheit lehren.

Im Sinne dieser vier Stellen aus der Heiligen Schrift gibt es noch viele andere, in denen uns die Führung und Leitung Gottes für unser Leben und Seine liebevolle Fürsorge zugesagt werden.

Wen oder was machen Sie dann aber für die Erfahrung der Christen verantwortlich, die unsicher im Dunkeln tappen und schließlich stolpern und fallen? Welche Erklärung haben Sie dafür, daß es Situationen gibt, in denen der Satan diesen Menschen eine Falle stellt und sie dazu bringt, an seine Lügen zu glauben oder danach zu handeln?

Auf diese beunruhigende Frage gibt die Heilige Schrift wieder ihre eigene Antwort. In 1. Johannes 4,1 wird uns gesagt: „Ihr Lieben, glaubet nicht einem jeglichen Geist, sondern prüfet die Geister, ob sie von Gott sind." Eine ähnliche Aufforderung finden wir in 1. Thessalonicher 5,21: „Prüfet aber alles, und das Gute behaltet." Anders ausgedrückt: wir haben die Pflicht, alles zu testen und zu überprüfen – einschließlich der Gültigkeit unserer Wahrnehmungen. Alles andere gibt dem Satan die Möglichkeit, uns zu Fall zu bringen – trotz der größeren Kraft des Heiligen Geistes, der in uns lebt. Wir würden nicht aufgefordert, die Geister zu prüfen, wenn sie ungefährlich wären.

WIE ÜBERPRÜFT MAN INNERE EINDRÜCKE UND WAHRNEHMUNGEN?

Welche Möglichkeiten gibt es, die eigenen Gefühle und Eindrücke zu prüfen? Welche Schritte sind nötig, um festzustellen, ob es sich dabei um den Willen Gottes handelt?

Die beste Antwort, die ich auf diese Fragen gelesen habe, stammt von Martin Wells Knapp. In seinem zeitlosen kleinen Büchlein mit dem Titel *„Impressions"*, das 1892 veröffentlicht wurde, beschrieb er die Impulse und Führungen von oben (von Gott) im Gegensatz zu denen, die von unten (vom Satan) sind. Genau wie der Heilige Geist uns einen Eindruck von dem geben kann, was Er für uns will, können uns auch unsere geistlichen Feinde durch unsere Wahrnehmung vermitteln, was sie wollen. Leider besteht zwischen diesen beiden verschiedenen Richtungen oft eine verblüffende Ähnlichkeit. Nach Knapp besteht eines der Ziele des Satan darin, den Christen dazu zu bringen, sich nur noch auf den eigenen Eindruck und auf die eigenen Gefühle zu verlassen und sie unbedacht als den absoluten Willen Gottes anzunehmen. Wenn es soweit kommt, „hat der Teufel alles erreicht, was er will".

Knapp empfiehlt bei der Frage, ob es sich bei einem subjektiven Eindruck um den Willen Gottes handelt, die sorgfältige Überprüfung anhand von vier Unterscheidungsmerkmalen:

Biblisch? Stimmt der eigene Eindruck mit der Bibel überein?

Die Führung Gottes steht *immer* im Einklang mit der Heiligen Schrift. Die Bibel ist ein unfehlbarer Prüfstein und Vergleichspunkt. Hätte das junge Paar, das sich überlegte, ob auf sexuellem Gebiet alles erlaubt sei, und von dem wir weiter oben gesprochen haben, diesen Test angewandt, so hätte es gewußt, daß die „Zusicherung", die es erhielt, nicht vom Herrn kam. Darüberhinaus wären viele religiöse Bewegungen nicht entstanden, die etwas zur Heiligen Schrift hinzufügen oder im Widerspruch zu einigen ihrer wesentlichen Gedanken stehen, wenn die Bibel als endgültiges und vollständiges Wort Gottes angenommen worden wäre.

Der wichtigste Aspekt dieses ersten Prüfsteins besteht darin, daß es dabei um *die Bibel als Ganzes* geht und nicht um eine Auswahl von mir angenehmen Bibelversen. Man kann für fast alles eine biblische Begründung finden, wenn man einzelne Verse oder unvollständige Sätze aus ihrem Zusammenhang herausreißt. Es ist uns aufgetragen, uns mit der ganzen Heiligen Schrift zu befassen, und nicht, mit ihr zu spielen oder sie für unsere eigenen Zwecke umzufunktionieren.

Richtig? Bei Knapps zweitem Kriterium zur Überprüfung von Eindrücken geht es um die Richtigkeit. „Eindrücke, die von Gott kommen, sind immer richtig", sagt Knapp. „Sie mögen im Gegensatz zu unseren Gefühlen, unseren Vorurteilen und unseren natürlichen Neigungen stehen, aber sie sind immer richtig. Sie werden jeder Prüfung standhalten."[1]

Ich kenne eine Familie, die durch eine Entscheidung zerstört wurde, die vor der Frage: „*Ist es richtig?*" nicht hätte bestehen können. Obwohl vier kleine Kinder im Haus waren, fühlte sich die Frau „berufen", die Familie zu verlassen und sich vollzeitlich einer evangelistischen Arbeit zu widmen. Nach kurzer Überlegung ließ sie ihre Kinder allein, die sie so dringend gebraucht hätten. Sie blieben in der Obhut des Vaters, der sechs und sieben Tage in der Woche arbeitete.

Die Folgen dieser Enscheidung waren grausam. Das jüngste Kind lag nachts wach und weinte nach seiner Mami. Die größeren Kinder mußten die Verantwortung von Erwachsenen übernehmen, auf die sie nur sehr schlecht vorbereitet waren. Es war niemand zuhause, der die Kinder anleiten, ihnen Liebe schenken und sie in ihrer Entwicklung fördern konnte. Ich kann einfach nicht glauben, daß der Gedanke dieser Mutter von Gott war, denn es war weder biblisch noch „richtig", die Kinder alleinzulassen. Ich vermute, daß hinter ihrer Flucht von zuhause andere Motive standen und daß der Satan sie mit einer scheinbar edlen Erklärung versehen hatte, um ihre eigentlichen Beweggründe zu vertuschen.

Es ist, wie Knapp sagt: „Millionen von Gedanken werden, wenn sie mit der einfachen Frage ‚Ist es richtig?' konfrontiert werden, verschämt, zögernd und sich windend schließlich in der Verwirrung zum Schweigen kommen."

Offene Türen? Um die Bedeutung durch die Vorsehung Gottes geschaffener günstiger Umstände zu erklären, zitiert Knapp Hannah Whitall, die in „*The Christian's Secret of a Happy Life*" (Das Geheimnis des Christen zu einem glücklichen Leben) schreibt: „Wenn eine Führung vom Heiligen Geist ist, so ‚wird der Weg dafür immer offen sein'. Das sichert uns der Herr zu, wenn Er sagt: ‚Und wenn er alle die

Seinen hat hinausgelassen, geht er vor ihnen hin, und die Schafe folgen ihm nach, denn sie kennen seine Stimme' (Johannes 10,4). Zu beachten ist hier der Ausdruck ,vor ihnen hin' und ,folgen'. Er geht voraus, um den Weg zu bereiten, und unsere Aufgabe besteht darin, Ihm auf dem vorbereiteten Weg nachzufolgen. Es ist niemals ein Zeichen göttlicher Führung, wenn ein Christ darauf besteht, sich seinen Weg selbst zu bahnen, und mit allen Dingen, die sich ihm in den Weg stellen, rücksichtslos umgeht. Wenn der Herr uns vorausgeht, wird Er uns alle Türen öffnen, und wir werden sie nicht selbst einrennen müssen."

Vernünftig? Der Apostel Paulus spricht vom Leben des Christen als einem „vernünftigen Gottesdienst". Dementsprechend kann man erwarten, daß der Wille Gottes mit einem *geistlich geschulten, vernünftigen Urteil* übereinstimmt. Gott wird keine absurden und lächerlichen Dinge von uns verlangen, die jeglicher Vernunft und dem gesunden Menschenverstand total widersprechen. Knapp sagt: „Gott hat uns nicht ohne Grund die Kräfte des Verstandes gegeben. Er setzt sich nicht über sie hinweg, appelliert an sie, und all seine Führung steht im Einklang mit ihnen."

Die vielleicht häufigste Verletzung dieses Prinzips begegnet uns in dem Zwang, unter dem manche Menschen stehen, jedes sich spontan ergebende Gespräch zu einem Geplänkel um Himmel oder Hölle zu machen. Solche Leute meinen, in jedem Fahrstuhl Zeugnis ablegen, vor jeder Gruppe von vier oder mehr Personen predigen und aus jeder routinemäßigen Begegnung einen Altardienst machen zu *müssen*. Selbstverständlich sollte jeder Christ bereit sein, „über den Grund seiner Hoffnung Rechenschaft abzulegen", wenn sich eine Gelegenheit dazu bietet. Das Evangelium sollte jedoch in einer zurückhaltenden und taktvollen Art und Weise weitererzählt werden.

Eine weitere häufige Mißachtung dieser Prüfung durch den Willen erleben wir bei *impulsivem* Verhalten. Knapp vertritt die Ansicht – und ich stimme darin mit ihm von ganzem Herzen überein –, daß Gott mit uns als vernunftbegabten Wesen umgeht. Er wird sehr selten von uns verlangen, daß wir aufgrund plötzlicher Eingebungen oder Eindrücke handeln. Einen ähnlichen Gedanken bringt G. D. Watson zum Ausdruck: „Der Teufel will, daß wir gehetzt, in Eile und konfus sind und mit nichts warten können. Jesus ist immer still. Er ist immer ruhig und nimmt sich für alles genug Zeit." Desgleichen lehrt uns der Psalmist: „Meine Seele wartet auf den Herrn."

Von den vier Kriterien nach Knapp scheint mir der Punkt „offene Türen" am schwersten in die Praxis umzusetzen zu sein. Können Sie bitte ein Beispiel dafür nennen?

Ich persönlich verlasse mich inzwischen weitgehend auf „offene Türen" als Zeichen für den Willen Gottes. Meine Gefühle und Eindrücke sind wenig mehr als „Ahnungen", die mich dazu bringen, nach konkreteren Zeichen um mich herum Ausschau zu halten. Meine Frau und ich überlegten zum Beispiel im Jahre 1970, ob es klug sei, unser Haus zu verkaufen und eines zum Kauf zu suchen, das den Bedürfnissen unserer wachsenden Familie besser gerecht werden konnte. Vieles war jedoch bei einem solchen Schritt zu berücksichtigen. Lebensstil, Werte und sogar die Sicherheit einer Familie werden davon beeinflußt, in welcher Umgebung sie lebt. Ich hielt es für töricht, unser Haus zu verkaufen und ein neues zu suchen, ohne die klare Führung vom Herrn.

Nachdem ich das Anliegen im Gebet immer wieder vor Gott gebracht hatte, dachte ich, ich solle unser Haus zum Verkauf anbieten, aber ohne einen Makler damit zu betrauen. Wenn sich ein Käufer gefunden hätte, so wäre es für mich ein Zeichen gewesen, daß Gott durch Seine Führung diesen Weg vorgesehen hatte. Zwei Wochen lang stand das Schild mit der Aufschrift: „zu verkaufen" unbeachtet im Vorgarten. Es bewirkte nicht einen einzigen Telephonanruf, und niemand klingelte deswegen an der Tür. So erhielt ich auf mein Gebet eine negative Antwort.

Ich nahm das Zeichen an und wartete ein Jahr, bis ich die gleiche Frage noch einmal vor den Herrn brachte. Diesmal wurde das Haus zu dem Preis verkauft, den ich haben wollte und ohne daß ich einen Pfennig für eine Annonce oder für Maklergebühren ausgeben mußte. Es bestand für mich kein Zweifel daran, daß der Herr für uns an ein anderes Haus dachte.

Woher wissen Sie, daß der Verkauf des Hauses nicht durch wirtschaftliche Gründe zu erklären ist oder einfach dadurch, daß gerade ein Interessent vorbeikam? Können Sie mit absoluter Sicherheit sagen, daß Gott diese Entwicklung bestimmt hat?

In Glaubensdingen gibt es nie Beweise. Sie sind immer „eine gewisse Zuversicht des, das man hofft, und ein Nichtzweifeln an dem, was man nicht sieht" (Hebräer 11,1). Es wäre unmöglich, einen Zweifler davon zu überzeugen, daß Gott den Verkauf meines Hauses beeinflußt hat.

Genauso würde der gleiche nicht gläubige Mensch das Erlebnis meiner Bekehrung in Zweifel ziehen, durch das ich Christ geworden bin. Sehen Sie, es war ja nicht der Verkauf meines Hauses, ohne daß ich die Werbung dafür gemacht hatte, der mir die Einsicht vermittelte, daß Gott sich um diese Angelegenheit kümmerte. Das lag vielmehr daran, daß ich sie Ihm auf den Knien im Gebet vorgetragen und Ihn um Seine besondere Führung und Leitung gebeten hatte. Ich habe guten Grund anzunehmen, daß Er für meine Familie und für mich sorgt, und daß Er mich hört, wenn ich Ihn um Seine Führung bitte. Deshalb gründet sich meine Interpretation der Ereignisse nicht auf Fakten, sondern auf den Glauben. Geistliche Erfahrungen müssen immer auf diesem Fundament ruhen.

Es gibt übrigens noch einen Anhang zu der „Hausgeschichte". Einen Monat später dankte ich Gott im Auto auf dem Weg in die Klinik dafür, daß Er mir Seinen Willen und Seine Absichten für meine Familie gezeigt hatte. Während ich betete, wollte es mir scheinen, als habe der Herr mein Haus verkauft, um selbst die Maklergebühr zu bekommen, die ich sonst hätte zahlen müssen. Wissend, wie sehr einen eigene Gedanken tyrannisieren können, betete ich schnell: „Herr, wenn es wirklich Du bist, der da zu mir redet, dann sage mir das Gleiche noch einmal auf andere Weise. Ich werde niemandem diesen Gedanken weitersagen, aber ich werde in jedem Bereich meines Lebens auf Deine Anweisungen warten."

Am darauffolgenden Sonntag erzählte ich im Erwachsenenkreis meiner Gemeinde, wie der Herr durch den Verkauf meines Hauses auf mein Gebet geantwortet hatte. Ich sagte nichts von meinem Gedanken, daß ich der Gemeinde 4000 DM geben sollte. Nach dem Kreis bekam ich jedoch die folgende Notiz von einem jungen Mann, der mir zugehört hatte: „Meinen Sie nicht, Gott stünde die ‚Maklergebühr' für den Verkauf Ihres Hauses zu?" Das Ganze war als Scherz gemeint, aber dieser Witz ermutigte mich in der darauffolgenden Woche zu einer Spende von 4000 DM.

Ich habe in dieser Methode, den Willen Gottes zu erfahren, Sicherheit gefunden. Im wesentlichen sieht meine Einstellung zum Herrn ganz einfach so aus: „Ich will alles tun, was Du von mir verlangst. *Alles!* Ich bitte Dich nur darum, daß Du mir Deinen Willen auf so unmißverständliche Art und Weise klarmachst, daß ich mich möglichst wenig auf meine wechselhaften Gefühle verlassen muß." Gewöhnlich hat Er mir diese Bitte erfüllt.

Über die offenen Türen sagt Knapp: „Gott läßt niemals einen Noah spüren, er solle eine Arche bauen, oder einen Salomo, er solle einen Tempel bauen, vielmehr erwarten Menschen und Material, daß ihr Glaube in Erfüllung geht. Er gibt niemals einem Philippus den Eindruck, er solle zu einem einzelnen Menschen predigen, aber Er bereitet diesen Menschen für die Predigt des Philippus vor. Er sagt zu einem Petrus im Gefängnis niemals: ‚stehe schnell auf', aber Er sorgt dafür, daß Petrus die Ketten durch die göttliche Vorsehung zerbrochen findet."

So gestattet uns also die Frage nach den offenen Türen im wesentlichen, den Willen Gottes an den Möglichkeiten, die sich uns auftun, und an den Ereignissen um uns herum abzulesen.

Kann es Zeiten geben, in denen sich der Christ trotz Anwendung der vier Testfragen nach Knapp noch immer nicht über die Führung im klaren ist? Oder weiß man als Gott hingegebener Christ immer ganz genau, was Gott von einem will?

Ihre Frage wird in Büchern, in denen es um den Willen Gottes geht, selten behandelt. Ich denke aber, wir sollten uns ihr mutig stellen. Ich glaube, daß es im Leben der meisten Gläubigen Zeiten gibt, in denen Verwirrung und Unklarheit überhandnehmen. Was wird wohl Hiob empfunden haben, als seine Welt Sprünge und Risse bekam? In seiner Familie wurde einer nach dem anderen krank und starb. Seine Herden wurden vernichtet. Sein Leib war vom Kopf bis zu den Füßen mit Geschwüren geschlagen. Am schlimmsten war, daß er in all diesen Umständen keinen geistlichen Sinn sehen konnte. Er wußte, trotz der Anklagen seiner „Freunde", daß er nicht gesündigt hatte. Dennoch muß ihm Gott unendlich weit weg erschienen sein. An einer Stelle sagt er: „Ach daß ich wüßte, wie ich ihn finden und zu seinem Thron kommen könnte. So würde ich ihm das Recht darlegen" (Hiob 23,3-4a). „Aber gehe ich nun vorwärts, so ist er nicht da; gehe ich zurück, so spüre ich ihn nicht. Ist er zur Linken, so schaue ich ihn nicht; verbirgt er sich zur Rechten, so sehe ich ihn nicht" (Hiob 23,8-9).

Gilt diese Erfahrung nur für Hiob? Ich glaube nicht. Aus meiner seelsorgerlichen Erfahrung mit christlichen Familien weiß ich, daß auch aufrechte, treue Christen durch finstere Täler und stürmische Zeiten hindurch müssen. Wir erweisen jungen Christen einen sehr schlechten Dienst, wenn wir sie glauben machen, nur Sünder würden in ihrem Leben Niedergeschlagenheit und Verwirrung erfahren. Gott läßt solche Zeiten ganz offensichtlich zu, damit wir daran wachsen. Jakobus schreibt: „Meine lieben Brüder, achtet es für lauter Freude, wenn ihr in mancherlei Anfechtungen fallet, und wisset, daß euer Glaube, wenn er bewährt ist, Geduld wirkt" (Jakobus 1,2-3).

Wir dürfen nicht vergessen, daß Gott nicht ein dienstbarer Geist ist, der aus einer Flasche kommt, um uns jedes Hindernis und jede Hürde aus dem Weg zu räumen. Er hat nicht versprochen, einen meisterhaften Fünf-Jahres-Plan zu erstellen, der jede Alternative auf unserem Weg ganz genau beschreibt. Er bietet uns vielmehr an, uns Seinen Willen für *heute,* und nur für heute, kundzutun. Das Morgen muß Tag für Tag angegangen werden, und dazu gehört eine gehörige Portion Glaube.

Wollen Sie damit sagen, daß es im Leben eines Christen Zeiten geben wird, in denen er den Willen und das Handeln Gottes nicht versteht?

Ja, und ich bedaure, daß die moderne Verkündigung so flach ist, daß sie diese Tatsache nicht wahrhaben will. Im Buch des Propheten Jesaja wird uns gesagt: „Denn meine Gedanken sind nicht eure Gedanken, und eure Wege sind nicht meine Wege, spricht der Herr" (Jesaja 55,8). Darüber hinaus bestätigt der Apostel Paulus: „Wir sehen jetzt nur ein Bild wie in einem Spiegel und können es nicht deutlich erkennen." Das heißt in der Praxis, daß es Zeiten geben wird, in denen uns das Verhalten Gottes unverständlich und verwirrend erscheint. *Oder noch deutlicher: Es wird Situationen geben, in denen Gott sich selbst zu widersprechen scheint.*

Einer der intelligentesten jungen Männer, die zu meinen Kollegen an der Alma mater gehörten, war dem Herrn zutiefst ergeben. Er fühlte sich zum Missionsarzt berufen und konzentrierte sich mit allen seinen Kräften auf dieses Ziel. Nachdem er sein Physikum cum laude bestanden hatte, begann das erste klinische Semester. Auch nach dem zweiten klinischen Semester war er der Beste seines Semesters, was sein Wissen anbelangt. Im Frühjahr dieses Jahres spürte er eine seltsame, anhaltende Müdigkeit. Er ging zum Arzt, um sich untersuchen zu lassen. Dieser stellte eine Leukämie fest. Der vielversprechende Student war wenige Monate später tot.

Wie läßt sich eine solche Tragödie erklären? Der Herr schien ihn in die Mission berufen zu haben. Dort wären seine ärztlichen Fähigkeiten dringend gebraucht worden. Er wurde trotz großer Konkurrenz ins Klinikum aufgenommen. Alles schien von Gott vorbereitet zu sein. Dann, ganz plötzlich wurde er weggenommen. Was hatte Gott von Anfang an mit ihm vor? Warum gab Er ihm anscheinend eine eindeutige Berufung, und warum vereitelte er dann ihre Erfüllung? Ich habe keine Ahnung. Es ist nur ein Beispiel, das ich als eines von Tausenden anbieten kann, bei dem sich das Handeln Gottes nicht so leicht und in vereinfachender Art und Weise erklären läßt. In solchen Augenblicken müssen wir mit Hiob sagen: „Der Herr hat's gegeben, der Herr hat's genommen; der Name des Herrn sei gelobt."

Müssen wir daraus schließen, daß es Situationen gibt, in denen wir darum bitten, daß wir den Willen Gottes erkennen mögen und doch nicht sofort eine Antwort bekommen?

Ich denke ja, aber ich bin auch davon überzeugt, daß Gott uns zu Zeiten, in denen wir nichts von Seiner Gegenwart spüren, genauso nahe ist, wie wenn wir uns in einer geistlichen Hochstimmung befinden. Wir brauchen uns nicht alleine abzumühen. Solche Zeiten der Prüfung dienen vielmehr der Festigung unseres Glaubens. Die einzig mögliche Art des Getrostseins in diesen schwierigen Zeiten ist wunderbar zusammengefaßt in 2. Korinther 4,8-10: „Wir haben allenthalben Trübsal, aber wir ängsten uns nicht. Uns ist bange, aber wir verzagen nicht. Wir leiden Verfolgung, aber wir werden nicht verlassen. Wir werden unterdrückt, aber wir kommen nicht um und tragen allezeit das Sterben Jesu an unserm Leibe, auf daß auch das Leben Jesu [der uns in Sicherheit wohnen läßt] an unserm Leibe offenbar werde."

Gibt es in der Bibel noch andere Beispiele, wo der Wille Gottes den Menschen, die Ihm treu waren, seltsam oder widersprüchlich erschienen ist?

Die Bibel ist voll von solchen Berichten. Denken Sie nur an die Erfahrungen des gläubigen Gottesmannes Abraham. Es war ihm von Gott ein Kind verheißen worden, aber Sara war bis zu ihren Wechseljahren unfruchtbar geblieben. Sie kam in die Menopause, ohne daß sich die Verheißung erfüllt hatte, und Abaraham wurde alt und runzelig. Er war fast 100 Jahre und Sara über 90, aber es kam immer noch kein Kind. Begegnete der Herr Abraham in diesen langen Jahren oft, um ihm immer wieder zu versichern, daß Er Seine Verheißung nicht vergessen hatte? Von solchen Kontakten wird uns nichts berichtet. Für einen Menschen mit geringerem Glauben wäre es klar gewesen, daß Gott sich widersprochen hatte. Aber Abraham wartete in Geduld auf die Erfüllung der Verheißung.

Der größte Widerspruch sollte jedoch erst noch kommen. Als das verheißene Kind, in dem sich alle vorhergesagten Segnungen erfüllen sollten, schließlich geboren war, verlangte Gott unverständlicherweise von Abraham, daß er seinen teuren Sohn als Brandopfer darbringen sollte. Was für ein geradezu klassischer Widerspruch! Wie sollte Abraham der Vater vieler Völker werden und schließlich durch die Geburt des Messias gesegnet werden, wenn sein einziger Sohn zu sterben hatte? Abraham kann dieses Geschehen, als es sich ereignete, nicht verstanden haben. Er muß in diesen bewegten Tagen gründlich irritiert gewesen sein. Im Handeln Gottes wurde kein Sinn mehr erkennbar. Trotzdem glaubte Abraham weiter und gehorchte Gott in allem bis zu jenem Augenblick, da der Engel Gottes Isaak vom Tod verschonte.

Das ist der schönste Teil der uns so bekannten Geschichte. Er ist für unsere Erörterung über den Willen Gottes von großer Bedeutung. An Isaak hing für Abraham die Zukunft. Alle Verheißungen schienen auf diesem durch ein Wunder geschenkten Kind zu ruhen. Gott aber zeigte Abraham, daß die Zukunft nicht von Isaak abhängig war, sondern Ihm, *Gott*, gehörte. Das gilt für uns heute genauso wie damals für den Vater des Volkes Israel! Die Zukunft hängt nicht von unserem Arbeitsplatz, von unserer Gesundheit oder von unserem Hab und Gut ab. Sie liegt in der Hand des allmächtigen Gottes. Auch wenn uns der Ratschluß Gottes sinnlos und widersprüchlich erscheint, auch wenn es für den Tod eines geliebten Menschen keine Erklärung gibt, auch wenn finanzielle Rückschläge unsere Sicherheit bedrohen, auch wenn Schmerz und Leid uns vor unlösbare Fragen stellen – auch dann ist Gott der Herr über die Zukunft. Er hat uns auch dann nicht vergessen, und Seine Pläne sind auch dann nicht durchkreuzt worden. In solchen Zeiten der Unsicherheit ist es unsere Pflicht, den Glauben zu bewahren und gehorsam zu sein, bis wir von Ihm wieder Klarheit und Bestätigung bekommen.

Wenden wir uns nun noch den Worten Hiobs zu, die er im Augenblick größter Versuchung gesprochen hat. Trotz der notvollen und unerklärlichen Umstände, die auf ihn einstürzten, griff sein Glaube über die bedrückende Dunkelheit hinaus und ergriff die Verheißungen Gottes: „Er aber kennt meinen Weg gut [Er weiß, wie es um mich steht]; Er prüfe mich, so will ich erfunden werden wie das Gold" (Hiob 23.10).

WIE MAN DEN WILLEN GOTTES ERKENNT

Wie können wir sicher wissen, welche Ziele der Herr mit uns hat und wie Seine Führung für unser Leben aussieht? Es gilt, einige entscheidende Punkte im Gedächtnis zu behalten:
- Viele Christen verlassen sich ausschließlich auf ihre subjektiven Eindrücke, wenn es um das Erkennen des Willens Gottes geht.
- Aber nicht alle unsere Eindrücke spiegeln den Willen Gottes wider. Manche sind von Gott, manche vom Satan, manche reden wir uns wahrscheinlich nur selbst ein.
- Weil nur schwer festzustellen ist, woher der jeweilige Eindruck kommt, können wir uns leicht täuschen, wenn wir davon ausgehen, daß Gott uns dieses Gefühl eingegeben hat.
- Unser Herr hat versprochen, uns zu erleuchten, und uns mit Seinen „Augen zu leiten." Andererseits möchte Er, daß wir unsere Eindrücke und unsere Führung „prüfen".
- Deshalb sollten wir jeden Gedanken an vier Kriterien überprüfen, bevor wir ihn als den Willen Gottes akzeptieren:

    1. *Ist er biblisch?* Bei diesem Test geht es um mehr als um einen blind aufgeschlagenen Beweistext. Es gilt, die Bibel als Ganzes zu studieren. Benutzen Sie eine Konkordanz, und forschen Sie in der Schrift nach, wie die Juden in Beröa (siehe Apostelgeschichte 17,11). Messen Sie das, wozu Sie neigen, am unwandelbaren Wort Gottes.

    2. *Ist er richtig?* Wir müssen davon ausgehen, daß jede Äußerung des Willens Gottes mit Seinen allzeit gültigen Prinzipien der Moral und des Anstands übereinstimmen. Wenn die Umsetzung eines Gedankens zu menschenverachtendem Handeln, zur Zerstörung der Integrität der Familie oder zur Verletzung ähnlicher,

tradierter christlicher Werte führt, so liegt der Verdacht nahe, daß er nicht von Gott ist.

3. *Gibt es dafür offene Türen?* Der dritte Prüfstein erfordert, daß jeder Gedanke im Licht der durch die Vorsehung Gottes geschaffenen Umstände bedacht wird. Dazu gehören Fragen wie: Gibt es dafür offene Türen oder schließen sie sich alle? Erlauben mir die Umstände zu tun, was ich für den Willen Gottes halte? Spricht der Herr durch den Gang der Ereignisse zu mir?

4. *Ist er vernünftig?* Der letzte Maßstab, an dem der Wille Gottes zu messen ist, bezieht sich auf die Angemessenheit des Handelns. Ist es sinnvoll? Paßt es zum Wesen Gottes, so etwas zu verlangen? Wird ein solches Tun dem Reich Gottes dienen?

● Der Satan wird uns falsche Zeugen für den Willen Gottes anbieten, einschließlich Astrologen, Hexen, Medien, falschen Lehrern, usw. Wir müssen solche Alternativen meiden wie die Pest und „festhalten an dem, was gut ist."

● Es wird Zeiten geben, in denen wir keine überwältigende Klarheit über den Willen Gottes haben. In solchen Situationen sollen wir unseren Glauben bewahren und „auf den Herrn warten."

Letzten Endes verlangt das Erkennen des Willens Gottes eine Ausgewogenheit zwischen rationaler Überlegung einerseits und emotionaler Offenheit andererseits. Jeder Christ muß entsprechend dem, was der Heilige Geist ihn lehrt, in seiner persönlichen Beziehung zu Gott diese Balance finden. Pfarrer Everett Howard hat in wunderbarer Weise diese Suche eines Menschen nach einer solchen Klarheit zum Ausdruck gebracht. Er war früher Missionar auf den Kapverdischen Inseln gewesen. Nachfolgend sei sein persönlicher Bericht zitiert, in dem er beschreibt, wie er gelernt hat, sich ganz Gott anzuvertrauen:

„Ich bin 36 Jahre lang Missionar gewesen – eine Zeit meines Lebens, die viel zu schnell vorbeigegangen ist. Vor etwa fünfzig Jahren, als ich noch ein Kind war, wußte ich, daß Gott mich dazu berufen hatte, aber ich war sehr unsicher. Ich wußte nicht, wo ich was wann und wie tun sollte. Jahre gingen vorbei, und ich absolvierte die Schule, das Gymnasium und meine Ausbildung an der Lincoln sowie an der Lee Dental University in Kansas City, Missouri. Immer noch kämpfte ich und wehrte mich, und immer noch war ich mir nicht sicher, was Gott mit meinem Leben vorhatte.

Eines Tages kam ich zu einer klaren Entscheidung. Mein Vater war Christ, und seine Gebete waren inspiriert. Aber es kam für mich alles aus zweiter Hand, und ich wollte etwas, das mir gehörte, etwas, das mich durch mein Leben begleiten würde. Also ging ich in die kleine Kirche, in der mein Vater Pfarrer war, und verschloß die Türen, um allein zu sein. Ich denke, ich wollte nicht, daß jemand mein Gebet hören sollte, aber so war es. Ich kniete mich vor dem kleinen Altar hin, nahm ein Stück Papier und einen Stift zur Hand und sagte: „So, das ist jetzt für mein ganzes Leben!"

Ich schrieb auf dieses Blatt alles mögliche. Ich füllte es mit Versprechen und mit den Dingen, die ich für Gott tun wollte, einschließlich meiner Bereitschaft, Missionar, und was ich mir sonst noch alles an Alternativen vorstellen konnte, zu werden. Ich versprach, im Chor mitzusingen, meinen Zehnten zu geben, die Bibel zu lesen und alles, von dem ich mir vorstellen konnte, daß Gott es von mir wollte. Es war eine lange Liste von Versprechen, die ehrlich gemeint waren.

Dann, als ich mit der wohlgefüllten Seite zu Ende war, unterschrieb ich alles mit meinem Namen und legte es auf den Altar. So kniete ich allein in der Kirche, den Blick nach oben gewandt und wartete auf „Blitz und Donner" oder auf sonst ein Zeichen der Bestätigung vom Herrn. Ich dachte, ich müßte etwas erleben, das dem ähnelte, was Paulus auf dem Weg nach Damaskus widerfahren war, oder doch zumindest etwas ähnlich Dramatisches. Ich wußte, daß Gott unglaublich stolz auf mich sein mußte – ein junger Mann, der sich so dem Herrn weihte – aber nichts geschah. Es war ruhig, still, und ich war unglaublich enttäuscht.

Ich konnte das nicht verstehen. Es kam mir der Gedanke, daß ich etwas vergessen haben mußte. Ich holte meinen Stift wieder hervor und versuchte, darüber nachzudenken, was noch fehlte. Es fiel mir aber einfach nichts mehr ein. Wieder betete ich und sagte dem Herrn, daß ich wirklich alles auf diesem Papier aufgeschrieben hatte. Wieder geschah nichts, obwohl ich wartete und wartete.

Dann kam es. Ich spürte, wie die Stimme Gottes in meinem Herzen sprach. Es war kein lautes Dröhnen, und Er überrumpelte mich nicht. Ich merkte nur, daß in meiner eigenen Seele ganz klar eine Stimme sprach: „Mein Sohn, Du gehst es falsch an. Ein solches Opfer will ich nicht. Zerreiße einfach das Papier."

„Gut, Herr", sagte ich. Und ich nahm das Papier, das ich so sorgfältig beschrieben hatte, und riß es in Stücke.

Dann schien die Stimme Gottes wieder etwas zu mir zu flüstern: „Mein Sohn, ich möchte, daß Du ein leeres Blatt nimmst und es unterschreibst, und daß Du es Mich ausfüllen läßt".

„Oh, ach, das ist etwas anderes, Herr", rief ich. Aber ich tat, was Er mich da am Altar in der kleinen Kirche geheißen hatte.

Daß ich das Papier unterschrieb, war ein Geheimnis zwischen Gott und mir. Gott hat es in den vergangenen 36 Jahren ausgefüllt.

Vielleicht ist es gut, daß ich nicht wußte, was auf diese Seite geschrieben werden sollte. Dinge wie... krank und einsam in den Bergen auf den Kapverdischen Inseln liegen, und glühendes Fieber haben ohne Medikamente und ohne einen Arzt, wenn das nächste Krankenhaus über 470 km entfernt ist. Und dann der Hunger, als in dem Teil des Landes, in dem wir waren, fast ein Drittel der Bevölkerung verhungert ist... als kein Geld mehr durchkam... als wir neun Monate lang ohne einen einzigen Scheck oder Pfennig dastanden... als wir alles verkaufen mußten, um zu überleben... das alles stand erst auf dem Zettel, als die Zeit dafür gekommen war. Aber ich muß sagen, daß ich niemals traurig war. Es waren die Tage, in denen uns der größte Segen zuteil wurde, denn Gott war uns nahe! Und wenn ich zurück könnte und noch einmal zu entscheiden hätte, dann würde ich jeden Schritt des Weges noch einmal tun, den wir in den letzten 36 Jahren gegangen sind.

Ihnen, die Sie mir heute abend zuhören, wünsche ich, daß auch Sie ein leeres Blatt unterschreiben und Gott es ausfüllen lassen. Besonders, wenn Sie nicht wissen, wen Sie heiraten sollen, welche Schule Sie besuchen oder welche Ausbildung Sie machen sollen, und in all den Fragen, mit denen junge Menschen zu kämpfen haben. Sie kennen die Antworten auf diese Fragen nicht, und ich auch nicht. Wenn ich versuchen würde, Ihnen zu sagen, was richtig ist, könnte es falsch sein. Aber Gott weiß es. Lassen Sie Ihn die Seite ausfüllen, ganz gleich, wohin Er Sie führt und welche Schwierigkeiten Sie erfahren werden. Dann habe ich ein festes Vertrauen: daß der Herr Ihnen Seine Ziele und Pläne so frühzeitig klarmacht, daß Sie ihnen nachkommen können."

Pfarrer Howard schied nach 36 Jahren aus seinem Amt im Dienste seines Meisters aus. Er versicherte, daß Gott immer noch auf die Seite schrieb, die er in seiner Jugend unterzeichnet hatte. Für mich reichen bändeweise theologische Analysen nicht an die Weisheit heran, die aus seinen Worten spricht. Ich wünsche Ihnen, daß dieser Bericht Sie ermutigen möge (wie er mich ermutigt hat), ebenfalls ein leeres Blatt zu unterschreiben und Gott darüber verfügen zu lassen, welche Richtung Ihr Leben nehmen wird.

ÜBUNGS- UND DISKUSSIONSFRAGEN

Warum man sich auf innere Gefühle und Eindrücke nicht verlassen kann.

1. Lesen Sie bitte den Abschnitt „Kann man den Willen Gottes erkennen?" Sind Sie auch der Meinung, daß Christen oft versuchen, den Willen Gottes anhand von inneren Gefühlen und Eindrücken zu bestimmen, oder sind Sie anderer Meinung? Diskutieren Sie mit einem Gesprächspartner die Frage: Sind Gefühle und Eindrücke zuverlässig? Ziehen Sie persönliche Erfahrungen als Beleg für Pro und Contra heran.

2. In welchen Bereichen Ihres Lebens haben Sie Schwierigkeiten, wenn es darum geht, den Willen Gottes zu erkennen? Welche Hilfen finden Sie in Jesaja 41,10; 42,16; Jakobus 1,5; Johannes 16,13?

3. Welche Unterscheidungsmöglichkeiten zwischen einer falschen Vorstellung und echter göttlicher Führung bieten Ihnen die im folgenden genannten Stellen aus der Heiligen Schrift an? Psalm 32, 8-11; Sprüche 3,5-7; Jeremia 33,3. Schreiben Sie aufgrund der Gedanken, die Ihnen hier begegnen, drei kurze Richtlinien auf, die Sie beachten sollten, wenn Sie nach dem Willen Gottes fragen.

4. Dr. Dobson sagt, daß unsere Gedanken und Gefühle oft durch unseren Gesundheitszustand, Müdigkeit und unser allgemeines Selbstwertgefühl (oder dessen Fehlen) bestimmt werden. Was bedeutet das für Sie im Hinblick auf wichtige Entscheidungen?

5. Die folgenden Bibelstellen helfen dem Christen bei der Unterscheidung zwischen der Führung des Heiligen Geistes und dem Einfluß

des Satans: Hebräer 2,18; Epheser 1,16-19; 1. Johannes 4,4 und Psalm 32,8. Machen Sie eine Liste mit den Verheißungen und Zusagen, die uns in diesen Stellen gegeben werden.

6. Wie würden Sie auf die Situation reagieren, die in der folgenden wahren Begebenheit beschrieben wird? Franks Vierjahresvertrag als Kerntechniker auf einem Atom-U-Boot bei der Marine läuft gerade aus. Am Ende der letzten drei Monate seines Dienstes auf See wird ihm bei der Rückkehr zur Basis eine gute Gehaltserhöhung und die Möglichkeit zur Weiterbildung angeboten, wenn er sich noch einmal für zwei Jahre bei der Marine verpflichtet.

Er und seine Frau wissen nicht, wie sie sich entscheiden sollen. Sie besprechen die Sache miteinander und beten. Ein paar Nächte darauf träumt Frank, er habe das Angebot angenommen, sei nach San Diego auf die Militärakademie geschickt worden, und seine Frau und er seien dort sehr unglücklich.

„Ich glaube, Gott will nicht, daß wir nach San Diego gehen", meint Frank. Was würden Sie ihm sagen? Überdenken Sie die Situation, in der sich Frank befindet, noch einmal, wenn Sie alle Übungs- und Diskussionsfragen durchgearbeitet haben.

7. Der Psalmist betet: „Lehre mich tun nach deinem Wohlgefallen, denn du bist mein Gott; dein guter Geist führe mich auf ebener Bahn" (Psalm 143,10). Schreiben Sie ein eigenes Gebet, in dem Sie Gott bitten, Ihnen Seinen Willen für konkrete Bereiche und Situationen Ihres eigenen Lebens zu zeigen.

Wie überprüft man innere Eindrücke und Wahrnehmungen?

1. Dr. Dobson macht auf das Werk von Martin Wells Knapp aufmerksam. Dieser schreibt in seinem Buch *„Impressions"*, daß eine der Fallen des Satans darin besteht, den Christen soweit zu bringen, daß er sich nur noch auf den eigenen Eindruck und auf die eigenen Gefühle verläßt, und sie unbedacht als den Willen Gottes annimmt. Knapp sagt, wenn es soweit kommt, „hat der Teufel alles erreicht, was er will". Sind Sie gleicher Meinung? Warum? Welche Ziele hat der Satan? (Für Anregungen siehe: 1. Petrus 5,8; Epheser 6,12; Johannes 8,44).

2. Zählen Sie die vier Punkte auf, die Knapp nennt und mit deren Hilfe man subjektive Eindrücke und Gefühle überprüfen und feststellen kann, ob es sich dabei wirklich um Gottes Führung handelt.

3. Unterstützen oder bezweifeln Sie die Aussage: „Die Führung Gottes steht *immer* im Einklang mit der Heiligen Schrift?" Warum? Meinen Sie, daß die folgenden Bibelstellen für dieses Prinzip sprechen? In welcher Weise? Besprechen Sie mit einem Partner oder in Ihrer Gruppe Römer 15,4; 1. Korinther 10,11; 5. Mose 12,32; 1. Petrus 1,25; 2. Timotheus 3,16; Psalm 119,105.130.

4. Was erkennen Sie durch folgende Stellen aus der Heiligen Schrift als den Willen Gottes für Ihr Leben? Lesen Sie zuerst Römer 12, und unterstreichen Sie oder schreiben Sie heraus, welche konkreten Dinge Gott von Ihnen im Alltag erwartet. Lesen Sie auch 1. Thessalonicher 5,11-22. Dort finden Sie zusätzliche Hinweise auf den Willen Gottes.

5. Nach Knapp besteht ein zweiter wichtiger Test für den Willen Gottes in der Frage nach der *Richtigkeit*. Können Sie einen sehr starken persönlichen Wunsch nennen, den Sie zur Zeit haben? Haben Sie schon einmal versucht, darüber nachzudenken, ob das auch der Wille Gottes für Sie ist? Erstens, entspricht Ihr Wunsch den Maßstäben Gottes, wie sie Ihnen in der Heiligen Schrift begegnen? Zweitens, läßt sich Ihr Wunsch aufrechterhalten, wenn Sie fragen: „Ist es richtig?" Welche Hilfe bietet Ihnen Johannes 16,7-14 für das Unterscheiden zwischen richtig und falsch? Verlassen Sie sich auf die Führung des Heiligen Geistes? Wie? Wann? Können Sie sich an eine bestimmte Situation erinnern?

6. Als dritten Prüfstein für Gefühle und Eindrücke nennt Knapp durch die Vorsehung Gottes geschaffene günstige Umstände. Im Wörterbuch wird „Vorsehung" definiert als *„göttliche Leitung der Geschicke"*. Haben Sie selbst schon einmal erfahren, was Sie unter „durch die Vorsehung Gottes geschaffene günstige Umstände" verstehen? Bewerten und diskutieren Sie mit einem Partner, welche Bedeutung den Umständen zukommt, wenn es um das Erkennen des Willens Gottes geht. Besprechen Sie auch folgende Situation:

Karl möchte sich beruflich verändern. Er sieht keinen biblischen Grund, warum es nicht der Wille Gottes sein sollte. Er hat sich in der Zeitung nach offenen Stellen umgesehen und war beim Arbeitsamt, aber nirgends hat sich etwas Passendes gefunden. Hätten Sie an Karls Stelle nun den Eindruck, daß ein Arbeitsplatzwechsel zu diesem Zeitpunkt nicht dem Willen Gottes entspricht? Woher kann Karl wissen, daß er Gott in seiner Situation nicht gleichgültig ist? In welcher Weise gilt hier Josua 1,9? Lesen Sie auch Jesaja 43,2 und Matthäus 28,20.

7. Der letzte Schritt bei der Prüfung des Willens Gottes ist die Frage: „Ist es vernünftig?" Dr. Dobson sagt: „Der Apostel Paulus spricht vom Leben des Christen als einem ‚vernünftigen Gottesdienst'. Dementsprechend kann man erwarten, daß der Wille Gottes mit einem *geistlich geschulten, vernünftigen Urteil* übereinstimmt."

Gehen Sie zusammen mit einem Partner oder in einer kleinen Gruppe die folgende Liste durch, und entscheiden Sie, welche Begriffe von besonderer Bedeutung sind, wenn es darum geht, zu entscheiden, ob es vernünftig ist, in einer bestimmten Richtung etwas zu unternehmen oder nicht. Fallen Ihnen noch weitere Begriffe ein, die dazugehören?

Fähigkeiten	Angemessenheit
Verantwortung	Maßstäbe Gottes
Interessen	Absicht
Bildung	egoistisch oder selbstlos
körperliche Verfassung	Auswirkung auf die Familie
Zweck	jetzt oder später

8. Dr. Dobson sagt: „Ich glaube, daß es im Leben der meisten Gläubigen Zeiten gibt, in denen Verwirrung und Unklarheit überhandnehmen." Er nimmt als Beispiel das Leben Hiobs (Hiob 23,3.8.9) und Abrahams (1. Mose 22). Können Sie sich an Situationen in Ihrem eigenen Leben erinnern, in denen Ihnen der Wille Gottes dunkel und die Umstände schwer zu verstehen schienen?

9. Dr. Dobson beklagt, daß die moderne Verkündigung so flach ist, daß sie nicht wahrhaben möchte, daß es im Leben eines Christen Zeiten gibt, in denen ihm der Wille Gottes und Sein Plan nicht klar sind. Ja, der Christ versteht sogar das Handeln Gottes nicht immer. Was meinen Sie dazu? Sind Sie ebenfalls der Auffassung, daß es Zeiten gibt, in denen der Wille Gottes und die Situation, in der wir stehen, uns unverständlich und unbegreiflich erscheinen? Oder vertreten Sie eine andere Ansicht? Was können wir tun? Sind Ihnen Stellen wie Jesaja 55,8; Jakobus 1,2 und Römer 8,28.35-39 dann eine Hilfe? Warum?

10. Wann fragen Menschen am meisten nach dem Willen Gottes?

a) Wenn sie Hilfe bei der Beantwortung beunruhigender Fragen brauchen?

b) Wenn sie vor schwierigen Entscheidungen stehen, wie zum Beispiel, wo sie wohnen, welche Arbeit sie annehmen, auf welche Schule sie gehen sollen, usw.?

c) Wenn sie die Kraft Gottes zu einem effektiveren Leben nutzen wollen?

d) Wenn sie herauszufinden versuchen, ob ihre eigenen Pläne und Wünsche mit dem Plan und den Zielen Gottes übereinstimmen? Welcher der vier Gründe ist der wichtigste für die Frage nach dem Willen Gottes? (Siehe Römer 12; Epheser 5,6-10.17)

Anmerkungen
[1] Dieses, sowie die weiteren Zitate sind entnommen aus: Martin Wells Knapp, *Impressions*, Revivalist Publishing, 1982.